JN438076

靜谷詩稿

怡獄遊泳

황 태 현 지음

이 책을
아버님
영전에 바칩니다.

公刊의 辯

—내속에 있는 나를 깨우는 힘을 찾아—

漢文을 專攻하지 않았거나 漢字 世代가 아닌 사람들이 漢詩를 한다는 것이 쉽지 않다. 그것은 漢字와 漢文과 詩를 동시에 공부해야 하기 때문이다. 나는 다행히 농산 정충락 선생님을 만나게 되면서 漢詩에 쉽게 入門했지만 그것이 생각만큼 녹록한 것이 아니었다.

漢詩에 대해서는 여러 文獻에 傳하는데 대표적인 것이 毛詩大序로 “詩는 뜻이 가는 바이니, 마음속에 있는 것을 뜻[志]이라 하고, 말로 표현하면 詩가 된다[詩者 志之所之也 在心爲志 發言爲詩].”라고 하였으며, 이의 效用은 孔子가 “시 삼백을 한 마디로 함축하여 말하면 생각에 사악함이 없다[詩三百 一言以蔽之 曰 思無邪]”라고 몇 마디로 壓縮했다. 또 毛詩大序에서도 “천지를 움직이고, 귀신을 감동시키는 데에 있어서는 詩보다 더 좋은 것이 없다.[動天地 感鬼神 莫近於詩]”라고 하였는데, 같은 脈絡이라 생각된다. 이런 價値를 創作하는 사람이 詩人이다. 이 시인을 韓愈는 “잘 우는 者로서 가려 뽑힌 자[擇其善鳴者]”라고 하여 “하늘을 대신하여 우는 존재”라 했고, 이후 송대 歐陽修가 ‘窮而後工’을 보탰으니 詩人은 아무나 되는 존재가 아니다. 설령 그렇게 되더라도 쉽지 않음은 古今이 다르지 않다. 예로 杜甫는 “놀랜 시를 못 지으면 죽어도 그치지 않으리라[語不驚人死不休]”라고 하였으며, 진이정 시인은 “토씨 하나 찾아 천지를 돈다.”라고 썼을 정도면 시인은 아무나 될 수 없는 것이다. 그러므로 詩人은 선택받은 사람이다.

이런 어려움을 접하면서 詩를 쓴다는 것을 쉽게 생각할 수 없었고, 지금도 마찬가지이다. 특히 漢詩는 無我之境과 有我之境의 詩格이 있어 資質과 努力에 의해 그 境界를 달리하니 깊이를 헤아릴 수 없는 魅力을 가지고 있다.

이렇듯 어렵고 深奧한 것이 나에게 필요했던 것은 漢詩 그 자체뿐만 아니라 書藝와 文人畵때문이었다. 書藝나 文人畵는 作家의 內密한 情感이 文字와 劃, 線을 통해서 드러나는 藝術이기 때문에 文이나 文字가 必要하게 된다. 이것은 결국 자기가 글을 지어야 하든지, 아니면 借文해야 하기 때문에 중요성이 강조되는 것이다. 그래서 張懷瓘은 "書는 한 글자에서 이미 마음이 드러난다[書則一字已見其心]."라고 했다. 이런 정황으로 보아 書藝는 말할 것도 없고, 文人畵의 根幹이 詩·書·畵라는 점이 이를 뒷받침하고 있다.

이와 같이 漢詩가 갖는 妙味와 必要性 등을 認識했기 때문에 어려움을 무릅쓰고 일상의 느낌을 펴즘 하듯 씨줄과 날줄을 맞추어 왔는데, 그 결과 하잘 것 없는 것이지만 한 수, 한 수가 쌓여나갔다. 내가 살고 있는 釜山의 아름다움, 그리고 아름다운 4계절이 주는 安穩한 품, 日常을 벗어나 자연 속을 여행하면서 느낀 情, 景物에 관한 느낌, 書畵를 하면서 느낀 魅力的이면서 어려웠던 점, 그리고 人倫의 情, 고달픈 삶의 旅程에서 우러나온 그리움 등에 관한 것이다. 이런 개체들의 대상이 된 景이 내면에 들어와 情과 化하여 새로운 意境을 낳게 되었으니 그 격의 높낮이를 떠나 이것들을 하나로 묶으면 생각의 綜合이 된 또 다른 개체가 탄생되는 것이다. 이것이 日常의 記錄에 지나지 않아 부끄러워하겠지만, 삶의 混沌 즉 刹那의 無秩序한 蓄積속에 秩序를 잡아가는 한 劃을 긋고, 그것을 느끼며 遊泳하는 것에 의미를 두고자하는 것이다. 이것은 현재 내가 도달해 있는 頂點이며, 현 상태에서 머무를 수도 있을 것이고, 아니면 더 발전할 수도 있음을 意味하지만 당연히 발전을 염두에 둔 意志의 表現이다. 옛말에 "自然江山主 人生百年賓"이라 했듯이 無量劫 속에 작은, 아주 작은 時空間을 얻어 살아가면서 지금 하는 行爲들이 어쩌면 이름의 奴隷가 될 것인 줄 알면서도 자처하는 것은 그것들이 가지는 작은 의미 때문이다. 이런 의미를 챙기지 않더라도 나는 時間에 떠밀려 大海로 흘러가고 말 것이기 때문에 설령 이름의 노예가 되더라도 그것을 자처하는 것이다.

이런 過程에서 好學, 一字의 重要性 등 詩作에 관련된 것들이 쉽지 않음을 배운 반면, 非難이 돌아올 것이라는 점도 알지만 그것은 피할 수 없는 과정들이라 생각하면서 그것을 謙虛히 受容하고 또 이를 바탕으로 다시 奮發한다면 한 걸음 더 앞으로 나아갈 수 있을 것이다. 이것이야 말로 내 속에 있는 나를 깨우고 表出해 내는 힘이 될 것이며, 또 앞으로 나가는 無限한 原動力이 될 것이다.

옆에서 항상 격려해주시는 많은 분들, 특히 쉽지 않은 작업을 애정어린 눈으로 지켜봐주는 가족들, 漢詩의 魅力을 일깨워 주신 지금은 이 세상에 계시지 않는 농산 선생님, 발간 축하글을 써주신 석호 서기식 선생님, 一字師와 詩作의 典型을 인도해주신 석정 김성균 선생님, 건강도 좋지 않는 가운데도 원고를 다듬어주신 허기주 선생님, 책을 책답게 디자인하고 만들어준 두손컴 출판사에 感謝드리며, 또 激勵해주신 많은 분과 도와주신 모든 분들께 고마움을 전한다. 아울러 잘못된 부분이나 부족한 부분은 江湖諸賢의 너그러운 雅量으로 이해해 주시기를 감히 바라는 바이다.

2012년 7월

不容止惰齋丶人 黃泰鉉 謹識

靜谷詩稿『怡獄遊泳』發刊에 부쳐

靜谷先生은 참으로 多才多能한 二十年 筆友이다. 綿綿을 살펴보면 高等學校에서 創意的인 프로그램을 개발하여 弟子들에게 컴퓨터 교육을 지도하고 있는 模範教師로 활동하고 있으며, 퇴근 후는 逸脫하여 밤늦도록 古典과 東·西洋의 哲學과 書藝術·美學을 探究하였으며, 書藝는 일찍이 다양한 書體를 두루 涉獵하였고, 특히 草書 研究를 게을리 하지 않았다. 至人은 法이 없듯이 石濤는 '無法이 法'이라 하였거늘, 靜谷先生 만이 쓸 수 있는 '靜谷草書體'로 一家를 이루었고, 文人畵에도 卓越한 識見과 畵筆의 遊戲를 攄得하여 畵面이 살아 춤추는 가운데 畵題까지도 손수 지어 畵格을 더욱 높여 주고 있는 書藝家이며 文人畵家이다.

公募展에는 大韓民國書藝大展 招待作家와 大韓民國文人畵大展 招待作家로서 왕성한 창작활동을 하고 있는 가운데, 이번에 한시집인 靜谷詩稿『怡獄遊泳』을 出刊하여 "이 책을 아버님 영전에 바친다."고 하니 정곡선생의 효심 또한 천하가 감동할 수밖에 없지 않겠는가?

내가 알기로는 釜山에서는 漢詩를 책으로 묶은 사람은 한 두 명뿐인데 回甲에 보기 드물게 벌써 詩書畵를 兼備한 三絶作家로 우뚝 서게 되었고, 특히 詩人으로서도 釜山文化의 試金石으로 자리매김하게 되어 더욱 기쁜 마음으로 祝賀드린다.

詩는 科學과 마찬가지로 認識對象의 眞理를 추구하므로 言語로 표현되기 이전의 언어로 개념화 할 수 없는 원초적 상태로 보충하는데 목적이 있다고 한다. 명나라 때 '徐渭'는 그림이나 글씨보다도 詩를 제일로 꼽았으며, 20세기를 대표하는 독일 철학자 '마르틴 하이데거

(Martin Heidegger)'는 "왜곡되지 않은 원초적 존재를 표현할 수 있는 것은 과학이나 철학이 아니며 시"라고 했으며, "가장 깊은 차원의 思想家는 詩人"이라고 했다. 이런 심오한 세계를 정곡선생은 일구고 있는 것이다.

나 또한 정곡선생을 1992년 봄날에 서면에서 만나서 오늘까지 筆友로서 단 한 번의 是非도 없이 莫逆한 사이로 지내 오면서 참 보배로운 벗을 곁에 두어 幸福하기 또한 이를 데 없는데, 더구나 漢詩에 대해서는 뭐라고 내세울 것도 없는 사람에게 이 귀한 지면을 주어 고맙고 영광스럽다.

靜谷의 참 멋! 脫俗한 경지에서 "알 수 없는 그 무엇?"을 위한 삶을 추구하고 있는 정곡선생의 앞날에 밝음의 빛이 가슴가득하시고, 詩人으로서 또 하나의 보석 같은 진리의 문장들을 만난 기쁨에 七言絶句 한 수로 대신하는 바이다.

詩文書畵手描良　시문과 솜씨까지 뛰어나서,
三絶作家登極祥　삼절작가로 등극하니 좋기도 하네.
靜谷心中眞理在　정곡선생 심중에는 진리가 존재하고,
久懷寶石海東光　오랜 회포 보석되니 해동에 빛나구나.

2012년 7월

徐基植/ 大韓民國書藝大展, 大韓民國文人畵大展 招待作家.
釜慶書學會長

차 례

釜山을 느끼다

아름다운 季節의 품

自然의 품에 안겨

物과 景의 노래

書畵의 世界를 遊泳하며

가까운 情, 먼 그리움

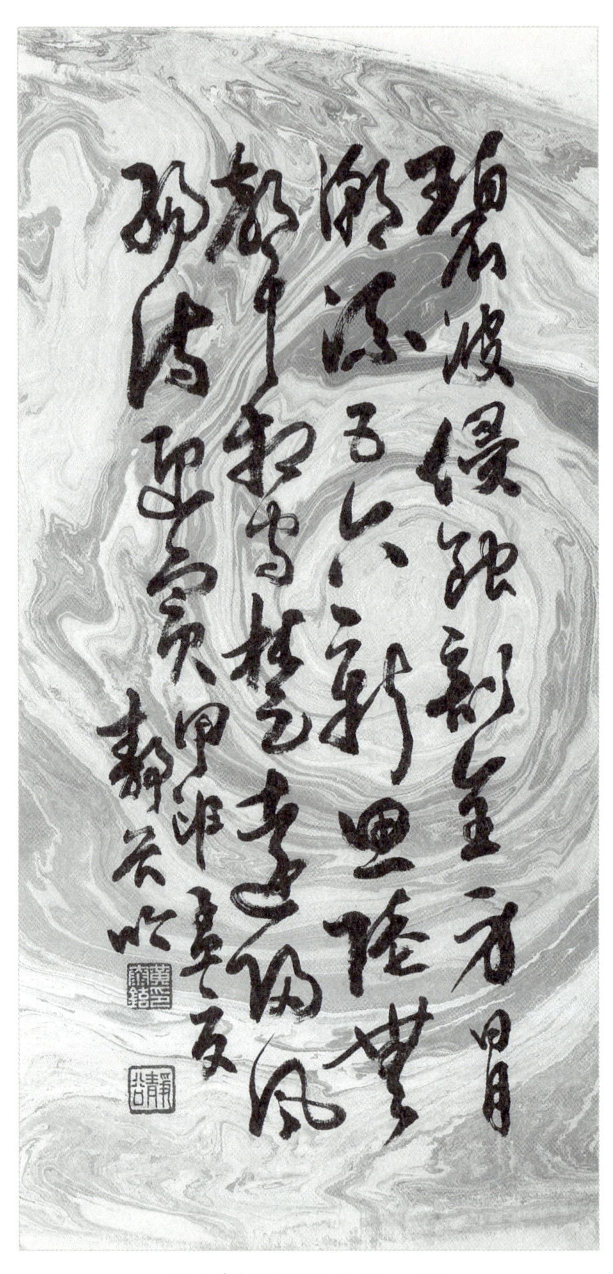

五六島(오륙도) 〈본문 25쪽〉

沒雲臺(몰운대) 〈본문 23쪽〉

水仙花(수선화) 〈본문 117쪽〉

友岩碧松(우암벽송) 〈본문 109쪽〉

釜山을 느끼다

海雲臺
—해운대—

浦如新月鋪燈臺　杳杳濤歌舞鳥來
栢島翠松霞裏毅　酌酒吾人樂臆開

초승달 같은 포구가 등대에서 펼쳤으니,
아득한 파도노래 따라 갈매기들 나네.
동백섬 푸른 솔은 노을 속에 의연하니,
작주(酌酒)에 우리들은[吾人*] 가슴 열어 즐기네.

海雲臺落照
—해운대 낙조—

孤雲石刻海雲臺　內外遊人此地魁
落照壯觀風水面　酌酬成笑浪非猜

고운(孤雲)선생 해운대라 바위에 새겨 남기니,[石刻* *]
내외인(內外人)이 휴식하는 이 땅의 으뜸이네.
낙조(落照)가 수면의 바람결에 장관(壯觀)이니,
주고받는 잔에 이는 웃음 파도는 시샘하지 않더라.

---

* 農山, 雪峰, 仁岡, 昔湖, 如澹, 故隱, 象山, 晦人, 靜谷.

* * 고운 최치원 선생이 해운대라 이름 짓고 석각한 석물이 '조선비치호텔'에서 '누리마루'가는 길 언덕아래에 있다. 오랜 세월 속에 많이 마모되어 이를 보호하고 있다. 또 비슷한 모형을 만들어 조선비치호텔 옆에 설치했다.

▴ 스승의 날 기념으로 농산선생님과 회원들이 수업 후 해운대 소풍에 나섰다. 5월의 바다가 제일 평화롭다고 한다. 그래서 파도소리가 한가할까?(1997. 5. 17.)

▴▴ 2012년 3월 1일 봄이 오는 해운대에서

太宗臺
—태종대—

白鷗何去立孤臺　水國黃昏月上來
千古守岩波涌拍　夜來孤閃路船開

백구(白鷗)는 어디가고 등대만 홀로 섰나,
노을 지는 바다위로 달빛이 찾아드네.
천고를 지킨 바위 파도장단 맞추는데,
밤이 되니 외로운 불빛 뱃길을 열어주네.

太宗臺海霧
—태종대 해무—

五月薰風海霧深　燈鳴挈路邃悲吟
生存價値由來必　止吼晴天本意尋

오월(五月)의 춘풍(春風)에 해무(海霧)가 깊어,
뱃길을 이끄는 등대 구슬프게 우는구나.
삶의 가치는 필요에 말미암은 것이니,
하늘 개면 울음 그쳐 본의(本意)를 찾겠지.

▲ 강의를 마치고 태종대 유람에 나섰다. 일월이 동주하고 기암괴석과 하얀 등대가 어우러져 절경을 이루었다. 농산선생님께서 臺, 來, 開 운을 띄우셨다. 다음 달 전부 시 한 수 작시하라는 숙제였다. 이것이 한시를 읽는 것에서 짓는 것으로 바뀌게 된 동기였다.(1997. 1. 18)

▲▲오월의 해무(海霧)는 뱃길을 막아버린다. 길을 알려주기 위해 등대(燈臺)가 운다. 구슬프기도 하고 스산하기도 한 울음소리이다. 등대를 울게 한 해무도 분명 필요에 따라 오겠지만 날 개면 해무는 돌아갈 것이다.(2011. 5. 9)

沒雲臺初夜風景

—몰운대 초저녁 풍경—

黃昏吹冷氣　丹葉落斜揮
廣潟紅霞彩　閑鴻碧皓飛
儒生談笑坐　遊客樂心歸
月色垂淸海　蟲鳴趣夜肥

황혼에 이는 차디찬 기운에,
떨어지는 단풍잎 하염없이 날리네.
넓은 개펄 석양에 물들어가니,
한가한 기러기들 하늘 향해 나네.
유생들 담소하며 앉았는데,
유객들 즐거운 마음으로 돌아가네.
달빛이 잔잔한 바다에 드리우니,
벌레소리 정취 속에 밤이 깊어가더라.

▲ 부산은 천혜의 자연자원을 가진 아름다운 고장이다. 바다와 강과 산이 맞닿아있다. 그중 몰운대(沒雲臺)는 개펄과 자연미(自然美)의 정수(精髓)인 노을이 대단히 아름다운 곳이다. 농산선생님께서 석호 서기식 선생 자제 혼례식 주례를 마친 후 함께 몰운대 소풍갔었다.(2000. 10. 08)

沒雲臺有感

—몰운대 유감—

浩蕩蒼波刻石奇　岸松時越毅然持
歸帆落照歌充滿　釣客岩臺不動思

호탕한 창파는 기암괴석 새기고,
벼랑의 소나무는 세월 넘어 의연하다.
낙조 속 돌아오는 배는 노래로 충만한데,
벼랑의 조객들 움직일 생각을 않더라.

廣安別曲(1)

—광안별곡(1)—

夜天銀漢廣安遷　似燭玲瓏舞水淵
牽織悼緣存此處　多情遊戀忘歸然

밤하늘 은하수 광안에다 옮겼는가,
촛불 같은 영롱함이 호수위에 아른아른 춤추네.
견우직녀[牽織*] 슬픈 사연 여기에도 있었던가,
다정한 연인들 돌아갈 생각을 않네.

---

* 牽= 牽牛, 織= 織女

▲ 낙조가 아름다운 몰운대, 그곳에서 파도소리 들으며 석양을 바라보다 느낌을 정리하였다.(2000. 10. 08)

▲▲ 광안리에 들렸다가 야경이 너무 아름다워 메모해 와서 정리했다.(2003. 11. 10)

廣安別曲(2)

—광안별곡(2)—

日斜佳浦樂漁船　月掛長橋別地姸
漣海赤垂花爛發　翠星遊戀畵爲娟

노을 진 포구에 만선 노래 즐겁고,
광안대교 달뜨니 별천지 풍광이 곱구나.
잔잔한 바다에 드리운 붉은 빛은 만발한 꽃밭이니,
푸른 별 아래 연인들도 고운 그림이네.

廣安夜景

—광안리 밤 풍경—

天江星宿廣安移　燦爛光花化夜姸
來往戀人佳熱愛　陸洋情顯訪生姿

하늘 강 은하수를 광안에다 옮겼나,
찬란한 빛의 꽃다움 밤바다가 곱구나.
오가는 연인들 뜨거운 사랑도 아름답지만,
양육(洋陸) 정신 발현하는 생자(生姿)를 찾네.

▲ 2003. 11. 23. 광안해수욕장 야경이 아름다웠다.

▲▲ 광안대교 조명과 함께 광안리는 별천지이다. 이 풍광은 자연과 인공이 조화한 결과물이다. 이것들 전부 자연의 작은, 아주 작은 한부분이다. 이 자연이 연출하는 아름다움이 최고의 것이다.(2003. 12. 23)

五六島
—오륙도—

碧波侵蝕剖全身　日月潮流五六新
思陸不聲相守楚　遠歸風弱待迎賓

벽파에 몸을 맡겨 잘리고 잘리어,
일월변류 조수에 다섯으로 여섯으로…
육지가 그리워도 말없이 서로 의지하며,
원로(遠路)에서 돌아오는 지친 바람 맞이하네.

霧中五六島
—해무속의 오륙도—

怒濤風雨態傷悲　鳥隊淸歌樂喜姿
今日霧賓爲美畵　剛然五六不遷思

노도와 풍우(風雨)에 슬프고 아프더니,
갈매기들 노래에 즐거워하던 모습이었고,
오늘은 안개 맞아 아름다운 그림이 되었지만,
강건한 오륙도 본의는 변함이 없어라.

▲ 썰물 때는 암반이 육지로 등장되면서 1개의 섬이 되나, 밀물 때는 바닷물이 차올라 2개의 섬으로 보이면서 5개의 섬도 아니고 그렇다고 6개의 섬이라고도 부를 수 없는 묘한 정서를 풍기는 '대여섯 개의 섬'으로 오륙도란 이름이 붙게 되었다.(2003. 12. 8)

▲▲ 부산에 해무가 끼여 고층 건물이 구름위에 떴다. 오륙도(五六島)도 구름위에 앉아 산수화(山水畵)를 연출했다. 일기의 변화에 시시각각으로 모습을 달리하지만 오륙도의 본의는 변함없이 의연하다. 인생도 그러해야 되지 않을까?(2011. 5. 8)

溫泉川祝祭有感
—온천천 축제 느낌—

鐵馬歸家走　微風綠夜悠
奏旋群衆興　江水月來遊

철마는 종착역으로 질주하고,
미풍은 푸른 밤에 유유하네.
아름다운 선율에 사람들 흥겨우니,
강수(江水) 젖은 달빛도 함께 즐기네.

絶影散策路
—절영산책로—

駿馬驅馳絶影佳　海邊來往礫開街
徒涯外逕聞波綣　握手情人勝景諧

준마가 달리던 아름다운 절영도에,
해변을 오가는 조약돌 길 열렸네.
물가 따라 걷는 외길 파도소리 정겨운데,
손잡은 정인(情人)들도 아름다운 풍경이더라.

▲ 온천천 축제에 갔었다. 즐거운 음악과 만춘(晩春)의 넉넉함이 하나 되어 아름다운 밤을 연출하고 있었다. 철마가 지나니 반월(半月)이 찾아와 온천천에서 사람과 하나 되었네.(2004. 4. 30)

▲▲ 태종대에서 시작하여 감지, 중리, 바닷가 산책로인 절영로를 계속 걸었다. 모두 좋았지만, 특히 절영 산책로가 좋았다.(2010. 4. 18.)

華池山八詠 —화지산 팔영—

(1) 春日雪花
—봄날 내리는 꽃 눈—

南風隨節易　生命覺開華
滿發春粧樂　佳觀雪落花

남풍에 계절은 봄으로 바뀌니,
생명은 깨어나 꽃을 피웠네.
만발함이 봄을 단장하여 즐겁더니,
낙화는 눈이 되어 장관을 이루네.

(2) 千竿風謠
—대숲의 바람노래—

篁歌消滅寂　靜處復生來
竹與風無戀　淸竽慕製裁

대숲 노래 잦아드니 고요해지고,
고요함 속에서 바람은 다시 살아오네.
대와 바람은 그리움이 없지만,
맑은 노래는 그리움을 만드네.

▲ 화지산 벚꽃이 너무 화사하다. 그러나 꽃이 떠나지 않으면 잎도, 열매도 맺지 못한다. 그래서 일정한 시간이 지나면 꽃은 떠난다. 하얀 벚꽃이 꽃눈이 되어 날리는 모습이 장관이다.

▲▲ 화지사 뒤쪽에 왕죽(王竹)이 하늘 향해 뻗어있다. 여기서 들리는 댓잎의 노래는 맑은 기운을 솟아나게 한다.

(3) 花樓白雲
—화산루에 이는 흰 구름—

雨晴吹翠氣　石逕起祥雲
沈默門樓閣　檐停樂白群

비 개인 대지에 푸른 기운 돋아나니,
돌길에 상운(祥雲)이 피어나네.
화산루(花山樓) 대문이 깊게 침묵하니,
백운은 처마 끝에 머물러 놀더라.

(4) 夏日紅花
—여름에 피는 배롱나무—

老軀行不急　綠葉後遲芽
夏日華紅染　佳姿百夕奢

노구(老軀)라 행함이 급하지 않으니,
잎들이 푸른 후에 움이 트더니.
더운 여름날 붉은 꽃 피워,
곱고 고운 모습 백날이나 자랑하네.

▲ 화지사 바로 앞 쪽에 동래 정씨 재실인 화산루가 있다. 그 바로 밑에 작은 인공호수가 있는데 물이 차 있으면 상당히 운치가 있다. 여기서 생긴 것일까? 안개가 화산루를 덮었다.

▲▲ 동래 정씨 시조인 정문도 무덤 바로 아래 양쪽에는 천연기념물 제168호(1965. 4. 1. 지정)인 부산진 배롱나무 두 그루가 있다. 꽃피면 염천(炎天)을 더욱 뜨겁게 달군다.

(5) 華池暮鐘
—화지사 저녁 종소리—

華池垂落照　萬物息歸家
隱隱鐘聲谷　虛胸擁慰加

화지사에 석양이 붉게 드리우니,
만물은 스스로 돌아가려 하누나.
은은하게 들려오는 가느린 종소리는,
허전한 가슴을 보듬어 위로하네.

(6) 華山秋月
—화지산 가을 달—

落葉鳴淸夜　東天滿月來
過風枝散影　蟲戀夜深陪

낙엽 우는 맑은 가을밤,
동천에서 둥근 달이 찾아드네.
한줄기 바람에 날그림사 흩어지니,
벌레들 그리움에 밤이 깊어가네.

▴ 화지사는 화지산 양지 바른 곳에 위치한 조그만 사찰이다. 처음에는 영호암(永護庵), 화지사(花之寺)라 칭하다가 지금은 화지사(華池寺)라 부른다. 이 조그만 절에서 울리는 저녁 종소리가 은은하게 중생의 가슴을 파고들어 보듬는다.

▴▴ 우리나라 가을 달이 아름답지 않는 곳이 어디 있으랴! 상록수와 낙엽수가 어우러진 사이로 떠오르는 화지산 가을 달도 대단히 아름답다.

(7) 常綠樹林
—화지산 상록수림—

歲寒然後綠　松柏士操如
鬱鬱華池此　儒神覺世舒

추워진 연후에 더욱 푸르니,
송백은 선비의 지조를 상징했네.
화지산 송백들이 울창하니,
선비정신 깨쳐서 세상에 펼치리.

(8) 華池鄭墓
—화지산 정묘—

藏風優得水　幽宅造園培
墓地佳線作　觀人感歎陪

바람이 갈무리하고 물이 좋은 곳,
조상 유택을 북돋우어 공원을 조성했네.
묘지(墓地)마다 아름다운 선(線) 만드니,
보는 사람들 감탄을 더하네.

▲ 〈詩經〉에 '松柏之茂'라 했고, 〈南史〉에서는 '송백지조(松柏之操)'라고 찬양하였으며, 〈論語〉에서 "歲寒然後 知松柏之後彫也(論語 子罕)"라고 하여 날씨가 추워야 송백(松柏)의 절개(節槪)를 안다고 했다.

▲▲ 화지산 현경문(顯景門)을 들어서서 조금 오르면 정묘(鄭墓)가 나온다. 여기에 백설이 내려앉으면 봉분이 만들어내는 선이 아름답다.

■ 화지산은 부산진구 양정동과 초읍동, 그리고 연제구 거제동의 경계를 이루는 해발142m인 전형적인 구릉산지로 산정은 종순형을 나타내고 사면은 완만하다. 이곳에는 동래정씨의 시조인 정문도묘(墓)가 있어 정묘사로 알려졌으며, 무덤 양쪽에는 천연기념물 제168호(1965. 4. 1. 지정)인 부산진배롱나무 2그루가 있다. 산중턱에는 화지사가 있다. 동래부지에는 화지산(和池山)으로 되어 있으나 지금은 화지산(華池山)이라 부른다.

登金井山義湘臺
—금정산 의상대에 올라—

奇岩祥不變　淸雲又似生
鳥鳴聽壑谷　松籟耳天明
俗世高臺別　禪心啄磋城
僧修場始得　喜樂久餘盈

기암(奇岩)의 상서로움 변하지 않듯,
맑은 구름도 변함없이 피어나네.
산새들 골짝마다 즐겁게 지저귀니,
취송(翠松)의 노래는 하늘에서 울린다.
높은 대(臺)는 속세와 멀리하니,
선심(禪心)을 수련하는 외딴성이 되었네.
스님의 수도처 비로소 올랐으니,
그 기쁨 응당 오래오래 남으리.

〈금정산 의상대〉

▲ 부산의 팔대(八臺)는 분류하는 사람에 따라 차이가 있다. 그중 해운대, 태종대, 몰운대, 오륜대, 의상대는 꼭 포함된다. 의상대는 범어사 뒤쪽 금정산 중턱에 있다. 2010년 2월 21일 현지를 답사하고 생각을 정리하였다.

元曉菴

—원효암—

壑谷岩林寂地臨　往來諸物擁溫心
薰風法殿雲飛塔　落水聲佳掃惱沈

골짜기 바위 숲 고요한 곳에 자리 잡아,
오가는 모든 것을 따뜻하게 안는구나.
훈풍은 법당에서 일고 구름은 탑 위로 흘러가는데,
아름다운 낙수성(落水聲)은 잠긴 번뇌 쓸어가네.

溫泉川滿開花道有感

—온천천에 만개한 꽃길의 느낌—

翠氣絨氈滿皎花　枝枝似雪溢華奢
微風素舞聲瓏散　白夜遊人忘去家

푸른 기운 배경삼아 하얀 벚꽃 만발하니,
가지마다 눈꽃 핀 듯 화사함이 넘치네.
미풍의 화무(花舞)에 구슬소리 들려오니,
하얀 밤의 봄 사람들 돌아감을 잊었네.

▲ 의상대에 올랐다가 이웃한 원효암을 찾았다. 암자 들어가는 길이 삼림으로 우거져 인상이 참 좋았다. 화려하지 않으면서도 가볍지 않는 고즈넉한 분위기가 객(客)을 안아주었다. 눈이 녹으면서 떨어지는 낙수가 페인 자국을 때리고 또 때리는 낙수성(落水聲)은 참 오랜만에 듣는 정겨운 소리였다.(2010. 2. 21)

▲▲ 온천천에 벚꽃이 만개했다. 햇볕 받으니 화사해서 좋고, 조명 받으니 갓 세수한 소녀의 얼굴 같아 아름답다. 세상사 벗어놓고 그들과 더불어 하는 시간, 그들일 수밖에…(2010. 4. 9)

荒嶺山雨中花道(1)
—황령산 빗속 꽃길(1)—

降雨花顔恥頸回　慈姿含愧節中魁
華生素氣諧飛霧　坐客諸衣白染陪

내리는 비에 꽃잎들이 부끄러워 고개 돌리니,
수줍은 듯 고운자태 계절의 으뜸이네.
꽃에서 솟는 하얀 기운 안개와 화하여,
앉은 이의 옷마저 하얗게 물들이네.

荒嶺山雨中花道(2)
—황령산 빗속 꽃길(2)—

滿發華奢雨霧來　仲春饗宴盛行開
遊人不請探佳讌　暖接花和忘惡猜

만발한 화사(華奢)함에 안개비 찾아와,
중춘의 향연(饗宴)을 성대하게 열었구나.
불청의 유객이 봄의 향연 찾았더니,
맞이하는 꽃에 젖어 사악함을 잊었더라.

▲ 2010년 4월 19일 비와 함께 드리운 안개가 만개한 벚꽃과 하나 되어 별천지 풍경을 연출하였다.

▲▲ 황령산 벚꽃터널이 비를 맞고 있었다. 찬연한 하얀 기운 안개 만들어 뿌리니 어디가 꽃이고, 어디가 안개이며, 어디가 길인가? 인생도 그런 듯하여 모든 것을 잊었더라. 바람이 안고 오는 안개는 시각과 장소에 따라 느낌이 다르네.(2010. 4. 19)

荒嶺山雨中花道(3)
—황령산 빗속 꽃길(3)—

雨中花滿發　素霧坐幽飛
白濕華加麗　猜風不起祈

우중에 하얀 꽃 만발한데,
안개가 사뿐하게 내려앉네.
촉촉한 꽃들이 아름다움 더하는데,
시샘하는 바람이 불지나 말았으면…

金井庵
—금정암—

占坐離花貴命蘇　食香草稚育如珠
飛風鳥樂冬眠醒　木鐸淸聲樹葉娛

꽃 진 자리 꿰찬 도도록한 귀한 생명,
어린 풀 향기 먹고 구슬처럼 자라네.
바람 불고 새들 노래하니 동면에서 깨어나,
목탁소리 울리니 나뭇잎도 즐거워하네.

▲ 비 내리는 황령산, 만개한 벚꽃터널에 짙은 안개가 드리우니 우윳빛 세상으로 바뀌었다. 그야말로 별유천지비인간(別有天地非人間)이다. 그러나 바람과 시간은 그 아름다움을 그냥 두지 않을 것이다.(2010. 4. 19)

▲▲ 붓을 잡아도 잘되지 않는다. 오후에 쇠미산을 올랐다. 꽃 진 자리는 새 생명들이 도도록하게 자리를 잡고 앉았으며 신엽(新葉)은 바람에 날리고, 사찰의 목탁소리는 숲에 번지면서 봄이 깊어가고 있었다.(2010. 4. 25)

二妓臺
—이기대에서—

億劫蒼波壁麗裝　倭長擁妓棄身洋
空冥大意連千古　亂國求情永不忘

억겁의 창파가 기암절벽 만드니,
기녀 왜장(倭將)안고 바다에 몸 던졌네.
공명(空冥)*의 대의가 천고(千古)를 이어가듯,
난국을 구한 높은 정신 잊혀 지지 않으리.

二妓臺散策路
—이기대 산책로를 걸으면서—

奇巖絶壁徑吟詩　釣士垂竿睡待時
億劫波聲無變化　何多此處訪遊怡

기암절벽 오솔길은 시를 읊게 하는데,
조사들 낚싯대는 때를 기다리며 졸고 있네.
밀려오는 파도소리 억겁에 불변이나,
몇 번이나 이곳 찾아 즐길 수 있을까.

---

* 아무것도 없는 하늘

▲ 2009년 5월 5일 장자산 동쪽 해안인 이기대 공원 갈맷길을 다녀와서

▲▲ 2010년 5월 10일 용호동 뒷산인 장자산 동쪽 해안의 이기대 공원 갈맷길을 걸어 오륙도(五六島)가 바라다 보이는 곳을 다녀와서…

白雲浦
―백운포―

白雲佳浦夕陽垂　釣士望洋待俟時
來往大船光海燿　書家情濬不歸思

아름다운 백운포(白雲浦)에 낙조가 드리우고,
조사들은 바다 보며 하염없이 때를 기다리네.
오가는 불빛에 바다는 빛나는데,
서예가들은 정이 깊어 돌아감을 잊었네.

神仙臺
―신선대에 올라―

背山臨海聳成臺　遠島諧調杳杳來
風樂訪仙遊勝景　芽肴酌酒自然魁

배산임해 하여 높이 솟은 대(臺)를 이루니,
여러 섬들 해조(諧調)되어 아득히 다가오네.
풍악 속 신선들이 놀았던 승경에서,
새싹 안주에 따르는 술잔은 자연 속의 으뜸이네.

▴ 2007년 5월 18일 강의를 마치고 백운포 횟집에서 부경서학회원들과 함께 크고 작은 배들이 드나드는 광경을 바라보면서 시간 가는 줄 모르고 즐기다가…

▴▴ 이기대, 백운포(白雲浦)를 거쳐 신선대(神仙臺)를 올랐다. 신선대는 영도, 조도와 오륙도가 내려다보이는 높은 언덕이다. 신선들이 풍악 울리며 놀았는지 그 소리가 들렸다고 전한다.(2010. 5. 16)

乙淑島秋景(1)
—을숙도 가을 풍경(1)—

快籟蘆歌野菊開　水邊漂鳥樂梭回
沙丘落照佳姸染　海上漁夫返唱催
旅客詩情生內密　秋姿翦得毋容來
遊人不睹天然景　往復蘆田踏影哉

사각사각 갈대노래에 들국화도 피어나니,
수변의 철새들 유유히 오가네.
사구(沙丘)가 낙조(落照)에 곱게 물드니,
바다의 어부들 돌아갈 노래 재촉하네.
여객(旅客)은 시의 정감(情感) 돋으나,
가을 자태 잘라서 담아 올 수 없는데.
유인들은 자연풍광 아랑곳하지 않고,
오가며 갈밭의 긴 그림자만 밟는구나.

▲ 낙동강 하구 을숙도(乙淑島)에는 수 만 마리의 철새들이 날아드는 철새 도래지이다. 이곳이 개발되면서 날아드는 개체수가 많이 줄었다고 한다. 이들과 인간이 공존하는 법을 배워야 할 것이다.(2011. 11. 12)

乙淑島秋景(2)
―을숙도 가을 풍경(2)―

律呂蘆田野菊開　數郡漂鳥亂鳴來
梢工落照歸家速　海水空流島暇培

갈밭의 가락에 들국화 피어나니,[律呂*]
수많은 철새 떼들 춤추고 노래하며 날아드네.
낙조 속 뱃사공 귀갓길 서두르고,
바닷물 흘러가도 을숙도는 한가함만 더하네.

金井山新綠
―금정산 신록―

葉間流色似姬肌　五月佳香少綠詩
酒盞盈心遊萬物　自然無主樂持私

잎 사이로 흐르는 빛은 숫처녀 피부 같고,
오월의 가향은 여린 잎의 시(詩)로구나.
마음담은 잔속에 만물이 노는데,
자연은 무주(無主)이니 즐기는 자의 것이네.

---

* 음률과 악률이라는 뜻으로, '음악' 또는 '가락'을 이르는 말. 십이율 중 양성에 속하는 여섯 가지 소리인 율(律)과 음성에 속하는 여섯 가지 소리인 려(呂)를 통틀어 이르는 말

▴ 2011년 11월 12일.

▴▴ 5월 13일 금정산은 정말 좋았다. 신록사이로 흐르는 빛이 아름다워 좋았고, 한줄기 바람이 안고 오는 아카시 향이 좋았다. 오월의 향에 새잎들이 낯간지러워 춤추니 온 산이 출렁이는 모습 또한 좋았다.(2007. 5. 13)

登五倫臺
—오륜대에 올라—

閉道開然步五臺　天連岳疊白雲來
望樓鳥瞰詩心起　落照湖垂影染陪

막았던 길 열어 오륜대(五倫臺)에 올랐더니,
하늘 닿은 첩첩의 산봉우리마다 백운이 떠오네.
망루에서 조감(鳥瞰)하니 시심(詩心)이 이는데,
낙조 드리운 호수가 산 그림자 물들이네.

回東水源池
—회동수원지—

山河和勝處　水翠鳥飛鳴
漾漾湖山畵　孤高鶴不行

산과 강이 화(和)하여 명승지가 되니,
푸른 물위로 새 울며 나네.
잔잔한 호수는 산을 그리는데,
고고한 학은 운직임이 없더라.

▲ 그간 상수도보호구역으로 시민들의 출입이 엄격하게 통제되었던 회동수원지가 지난 2010년 1월 5일 시민들에게 개방되었다. 이리저리 미루다 1월 31일 다녀왔다.

▲▲ 지난 2010년 1월 5일 시민들에게 개방된 '둘레길'을 다녀와 지은 두 수 중 한 수이다.(2010. 1. 31)

聖智谷 四季 —성지곡 사계—

(1) 白羊春花
—백양산록에 핀 봄꽃—

白楊精氣産春池　軟綠新芽舞擁枝
山麓滿花佳笑發　過風落朶鴨驚姿

백양의 정기 담은 호수가 봄을 출산하니,
연록의 새싹들 가지 안고 춤추네.
산록(山麓)의 많은 꽃들 웃음이 만발한데,
바람에 날리는 꽃잎에 오리가 놀라더라.

(2) 夏抒情人
—여름 서정의 연인들—

充然翠水似邦姿　活葉遊潭綠益吹
握手情人林步麗　聖橋遊鯉合諸怡

호수에 가득한 물 국토 지형을 닮았는데,
신록이 담유(潭遊)하니 푸름을 더하네.
손잡은 연인들 숲길 걸어 고운데,
성지교(聖智橋) 아래 잉어도 하나 되어 기뻐하네.

▲ 성지곡의 봄은 꽃에서부터 시작한다. 한바탕 꽃 잔치가 끝나면, 신엽들이 춤춘다. 작설(雀舌)같은 잎들이 한들한들 춤추는 모습은 봄의 정취를 흠뻑 느끼게 한다.

▲▲ 성지곡 숲길은 하늘이 보이지 않는다. 이길 따라 걷는 연인들의 모습이 숲길과 닮았다. 뚝 위에 올라서면 호수가 산 그림을 그린다. 이 그림 따라 걷다보면 성지교가 나오는데 여기서 바라보는 잉어가 장관이다. 장자와 혜자는 이런 광경을 보고 논쟁했을 것이다.

(3) 聖池秋月
—성지곡수원지 가을 달—

綠潭秋抱染姸紅　水斷圓橋足跡空
天聳柏林冬對備　月明湖照幾多工

녹담대(綠潭臺)는 가을 품어 붉고 곱게 물드는데,
호수 가르는 둥근 다리 인적 끊겨 한가하네.
하늘 향한 백림은 겨울 채비하는데,
호수에 달뜨니 몇 개인지[幾多*] 모르겠네.

(4) 聖池冬景
—성지곡수원지 겨울 풍경—

丹楓苦別獨迎風　萬壑終鳴訪問鴻
諸世結氷深寂寞　水池無變待春豊

고운 잎 보내고 홀로 맞는 한풍(寒風),
골짝에 새소리 그치니 기러기 날아드네.
세상이 추위에 얼어 고요 속에 들었지만,
변함없는 수원지는 풍성한 봄을 기다리네.

---

* 확실하게 밝히기는 어려워도 꽤 많음.

▲ 성지곡수원지 바로 밑에 조그마한 호수를 가지고 있다. 이를 녹담대라 하는데 호수 가운데 다를 놓아 건널 수 있도록 했다. 이 호수가 담은 단풍이 실제보다 더 붉다. 이를 지나서 오르면 성지곡의 본래 수원지 역시 단풍을 안고 있다. 여기에 만월이 오르면 별천지(別天地)이다.

▲▲ 성지곡은 낙엽수와 상록수가 어우러져 있으므로 낙엽이 떠나고 나면 송백의 잎이 찬연하다. 호수는 찬 기운과 함께 사색에 잠긴다. 봄과 함께 올 생명들을 기다리면서…

■ 부산에는 갈맷길이 개발되어 시민들이 많이 이용하고 있다. 모두 길이 좋지만 그중 인체에 좋다는 자연물질이 가장 많이 배출되는 곳이 성지곡수원지 산책길이라고 하는데, 음이온 발생량이 cc당 1500개－유은철 박사팀, 〈부산 갈맷길에서 생성되는 생리 활성물질 분포 특성에 관한 연구〉－라고 한다. 이 숫치는 '승학산'이나, '기장 테마길'에 비해 3배 정도나 많다고 하니 이곳이 시민들 쉼터로 최고이다.(2012. 1. 20)

UN紀念公園紅梅(1)
—UN기념공원에 핀 홍매(1)—

犧牲盤貴聖然區　戰死魂乎赤色鋪
日照淸明斜影粲　開花意地彩紅膚

희생의 고귀함이 서려있는 성스러운 곳,
산화(散花)한 영령(英靈)인 듯 선홍색 펼쳤네.
햇볕이 밝으면 그림자가 선명하듯,
뜻이 머문 땅에 피었으니 꽃 잎 더욱 선명하네.

UN紀念公園紅梅(2)
—UN기념공원에 핀 홍매(2)—

水淸金鮒樂鮮明　碧益淸天朶貌晶
正義如胸來赤彩　犧牲崇意似視英

물 맑으니 금붕어 노는 모습 선명하고,
하늘 색 푸르니 꽃잎 더욱 밝구나.
정의의 가슴처럼 선홍색으로 왔으니,
희생의 높은 뜻을 꽃에서 보는 것 같네.

▲ UN기념공원에 매화가 피었다는 보도는 2월초에 나왔는데 이래저래 미루다 27일 다녀왔다. 파란 하늘을 배경으로 반개한 홍매의 그 선명한 색이 평화를 위해 피를 흘린 거룩한 희생(犧牲)의 색과 같다는 생각이 들었다.(2012. 2. 27)

▲▲ 유엔기념공원 전사자 묘역과 아래쪽 녹지지역의 경계에 수로가 위치하고 있다. 이것은 삶과 죽음의 경계를 의미한다고 하며, 이 경계를 금붕어가 지키고 있다. 그 아래쪽에 홍매화 두 그루가 꽃을 피웠는데, 파란 하늘을 배경 삼으니 꽃이 너무나 선명하였다.(2012. 2. 27)

아름다운 季節의 품

早梅

—이른 봄에 핀 매화—

忽憒望窓外　寒枝吐白華
世情流歲變　時不忘傳花

문득 창밖을 보니,
한지(寒枝)마다 하얀 꽃 알알이 달렸네.
세정(世情)은 시대에 따라 변하는데,
때를 잊지 않고 봄을 모셔오네.

肇春

—조춘—

積雪南風別　花開鳥笑充
往來天氣順　變化同乘豊

쌓였던 눈들이 봄바람에 떠나니,
꽃과 새소리로 충만하네.
오가는 것은 자연의 순리이니,
변화에 동승해야 풍요로워지리.

▲ 봄이라도 봄 같지 않음은 근무하는 학교가 음지 산 중턱에 위치해 있기 때문이다. 이곳을 잊지 않고 매년 봄을 모시는 고절의 귀인이 매화이다.(1998. 2. 13)

▲▲ 매화와 함께 또 봄이 온다. 자연의 변화는 정확한 궤도를 순행한다. 여기에 우일신(又日新)하지 않으면 그냥 흘러가는 것이다.(2002. 3. 2)

晩春詠

—늦은 봄을 읊음—

南風雨歇出芽花　白綠紅如錦繡華
春醉蝶斜祥鳥弄　勝評無者酌知遐

남풍에 비개니 싹과 꽃 돋아나고,
백록홍의 고운 색 수놓은 것 같구나.
봄에 취한 벌 나비들 새와 함께 하는데,
경치 논할 이 없으니 먼 벗 그리며 잔을 드네.

見雨中花滿開

—빗속에 만개한 꽃을 보고—

美夢胸裏入春暉　澓憮南風覺睡肥
爭發解衫肌露出　全開素女雨猜威

미몽(美夢)꾸는 가슴을 파고드는 봄빛,
남풍도 쓰다듬어 깊은 잠을 깨우네.
다투듯 적삼 풀고 하얀 속살 드러내니,
벙글은 가슴을 시샘하는 비 내리네.

▲ 모든 사람들이 퇴근한 교정은 적막 속에 빠져드니 서예실의 붓 지나가는 소리만 남았다. 눈앞의 산은 꽃과 연록으로 수(繡)놓은 것 같은데, 홀로 하는 술 한 잔에 봄이 깊어가고 있었다. 이 엉성한 놈을 농산선생님께서 멋진 작품을 해주셨다. 고마움이야 말로 표현할 수 없었다.(1998. 4. 10)

▲▲ 봄 날씨가 오락가락하니 꽃들이 유난히 어려워 보인다. 그러나 아무리 어려워도 올 것은 오고 갈 것은 간다. 매화, 목련이 질 즈음 벚꽃이 만개했다. 비바람과 함께 화우(花雨)가 날린다. 이 봄도 이렇게 왔다가 가는가보다.(2012. 4. 10)

九漆東山農園
—구칠동산농원—

綠葉開春宴　遊蜂弄芍花
翠風吹朶訪　怡獄沒忘家

신록 속에 봄의 향연 펼쳐지니,
만발한 작약들이 벌들을 유혹하네.
맑은 바람결에 꽃을 찾은 객들,
이락의 감옥에서 헤어나지 못하네.

九漆東山農園春景
—구칠동산농원 봄 풍경—

九漆農園滿發春　花開色色送寒賓
無名鳥詠篁林舞　地作東山似自人

구칠 마을 농원이 봄으로 만발하니,
형형색색 꽃들이 겨울 손 환송하고.
이름 모를 새소리에 대숲은 춤추는데,
밭가는 동산(東山)*선생 자연과 하나이네.

---

* 동산농원 주인인 남인우 선생의 아호.

▲ 정해년 '스승의 날'은 자체 휴업일을 정해 집에서 쉬기로 했다고 하니 속 편한 점도 있었다. 그러나 별로 갈 곳도 없고 하여 산에 갈까하다 박용달, 진용상 선생과 구칠 동산농원을 찾았다. 땅 내음 맡고 자란 상추와 더불어 한 잔 하면서 자연과 함께 하는 시간도 즐거웠지만 더욱 흥겹게 만든 것은 농장에 활짝 핀 함박꽃이었다.(2007. 5. 15)

▲▲ 철마 구칠리(九漆里) 동산농원(東山農園)에 소풍 겸 봄나물을 캐기 위해 들렸는데, 동산선생님께서 반갑게 맞아 주셨다. 매화(梅花)는 지고 없었으나 늦게 핀 할미꽃을 비롯해 봄꽃들이 만발(滿發)하였다.(2010. 4. 11)

送春吟
—가는 봄을 읊음—

玉峰深愛感開梅　薛度花離戀慕陪
歲變相思存不死　歸春孰臆刻痕哉

옥봉(玉峰)*은 매화보고 깊은 사랑에 젖었고,
설도(薛度)**는 꽃 지는 것에 그리움 더했네.
세월이 흘러도 그리움은 살았으니,
스러지는 이 봄은 어느 가슴에 남겼는가!

五月夜金蓮山青少年修練院
—금련산청소년수련원의 오월 밤—

鳥樂歸家寂寞垂　薰風五夜弄星煕
新芽葉馥南窓與　勝趣山中感者爲

놀던 새 돌아가니 고요함이 드리우고,
아름다운 오월 밤은 별들을 희롱하네.
새싹들의 풋풋한 향 남창에서 함께하니,
산중의 정취는 느끼는 자의 것이네.

---

* 이옥봉으로 조선시대 여류시인.

** 당나라 여류시인. 이름은 설도(薛濤)이며, 자가 홍도(洪度)임.

▲ 지는 꽃은 내년에 다시 피겠지만, 흰 머리는 다시 돌릴 수 없으니 인생(人生)의 덧없음이 느껴지는 봄이다.(2010. 4. 30)

▲▲ 간부학생 수련회가 '금련산청소년수련원'에서 1박 2일 일정으로 있었다. 학생들을 인솔하고 맞이한 오월 초야(初夜)의 아름다움은 자연이 주는 위대한 선물이었다.(2010. 5. 3)

登黃梅山
—황매산에 올라—

滿山紅染溢佳春　老體靑思超歲新
躑躅花語歌感歎　谷鳴心座慕如珍

만산이 붉어 아름다운 봄 가득하니,
늙은이의 낭만은 세월 넘어 새롭네.
철쭉의 속삭임에 감탄하는 노래가,
메아리 되어 보석 같은 그리움 되었네.

見上林蓮花
—상림의 연꽃을 보고—

夏心精眷聖花開　不濟誰何境界魁
高士讚辭塵不染　落荷貪慾弗訛猜

하심(夏心)의 정성이 성스러운 꽃을 피웠으니,
누구도[誰何*] 건널 수 없는 으뜸의 경계이네.
세진(世塵)에 불염(不染)하는 고사(高士)의 찬사가,
탐함에 꽃잎 지니 시샘한 거짓이 아니로구나.

---

* 이름을 꼭 집어 말할 수 없는 어떤 사람을 가리키는 말.

▲ 아름다움을 보고 아름답다고 표현할 수 있는 사람들은 참 행복한 사람들이다. 그래서 가장 행복한 사람은 하는 일을 즐기는 사람들이다. 이것은 주어지는 것이 아니라 만들어 간다는 것을 간과해서는 안 된다. 황매산 철쭉을 보고 감탄하는 소리가 "아~이~구 이걸 우짜꼬"였다. 이 소리는 두고두고 지워지지 않을 것이다.(2008. 5. 11)

▲▲ 2011년 7월 31일 함양 상림 연지를 찾아 새벽부터 오전 내내 연밭을 거닐었다. 연꽃이 그렇게 신비스러운 꽃인 줄 몰랐다.

聽開花聲

—연꽃 피는 소리를 듣다—

夏情精墾滿池來　廣葉交花似目孩
夜別起黎開聖朶　晝迎孤喊世鳴雷
聽開順粹靈魂域　目睹花城陷沒陪
神秘自聲存在與　其胸耳着又聽魁

여름의 간절한 정(情) 연지(蓮池)에 가득하니,
커다란 연잎마다 목해(目孩)같은 꽃망울 안았네.
어둠을 보낸 여명 속에 성스러운 꽃 벙글 때,
새날 맞는 고고한 함성(喊聲) 세상 향해 크게 울렸으리.
청개화성의 순수함은 영혼의 성역(聖域)이니,
목도(目睹)의 화성(花城)에 함몰(陷沒)되었네.
신비(神秘)한 자연의 소리는 존재하는가,
그대 가슴에 귀를 묻고 다시 들으리.

▲ 2011년 7월 30일 탐연여행(探蓮旅行)을 1박 2일 계획으로 출발하였다. 먼저 함안박물관 '아라 홍연'을 감상하고, 다음 날 새벽 함양 상림 연지를 찾았다. 어둠을 헤치고 연 밭에 들어갔지만 청개화성은 경험하지 못했다. 아직 내공이 부족한 탓일 것이다.(2011. 7. 31)

夏日偶吟(1)

—여름날 문득 읊다(1)—

葉蒼遊舞亂鳴蟬　去夏悲心毋切連
天氣順行誰不逮　蟋歌秋聘菊香傳

춤추는 푸른 잎 사이로 들리는 매미소리,
가는 여름 아쉬워 끊임없이 우는구나.
천기순행은 누구도 막을 수 없으니,
귀뚜라미 우는 가을오고, 국향도 전하겠지.

夏日初夜偶吟

—여름 초저녁에 읊음—

署炎羸弱切蟬鳴　靜夜空山滿月生
忘却戀顔觴抱樂　恍夢銷夏不歸行

더위에 지친 매미 울음을 멈추니,
고요한 밤 공산에 만월이 찾아들어.
잊었던 얼굴 술잔에 떠올라 즐거우니,
더위 쫓는 황홀한 꿈 깨지 말았으면…

▲ 여름도 가려 한다. 무엇이든 한 시각도, 한 곳에도 머물 수 없다. 푸르른 잎도 형형색색으로 물들겠지… 또 오상고절 국화도 피겠지.(2002. 8. 19)

▲▲ 금정산 야간 산행 갔다 만난 보름달, 너무나 선명하고 아름다워 산꾼들 사이에 끼여 술잔 들면서 느꼈던 것이다.(2002. 8. 23)

夏日偶吟(2)
—여름날 문득 읊다(2)—

綠葉炎炎失色姿　樹蟬歌唱弱維持
研修暑裏陪勞力　學習長年難得怡

푸른 잎 더위에 활력을 잃고,
숲속의 매미노래 이어짐이 약해지네.
더위 속 연수라도 노력을 배가하나,
장년의 학습이라 얻는 기쁨 누리기 어렵네.

金井山秋景
—금정산 가을 풍경—

凊風秋氣蔓然周　亂染丹楓興舞遊
華麗美姬姿態耀　酌游顔赤與如秋

서늘한 바람 일어 가을 기운 완연하니,
형형색색 물든 단풍 흥이 일어 무유(舞遊)하네.
화려한 미인인양 그 모습 빛나는데,
술산 속의 붉은 얼굴 더불어 추색이네.

▲ 냉방이 아무리 잘 된 교실이라도 연수는 연수다. 그러니 피교육자는 피곤한 것이다. 어느덧 연수 마지막 날이다. 복중(伏中)의 연수라 그런지 별 효과가 없는 것 같았다.(2004. 7. 29)

▲▲ 금강원(金剛園) 등산로 주위에 물들어 가는 화려한 잎들의 색채 향연이 "또 하나의 가을을 접는구나."라는 느낌이 들었다. 생동하는 아름다움이 좋을까 아니면 마지막 정열을 불태우는 아름다움이 좋을까.(2002. 10. 25)

秋夜雨有感

—비오는 가을밤의 느낌—

晩秋猜忌黑雲垂　歳落通知降雨絲
街樹末端疎數葉　忘離衣濕悄然肌

만추(晩秋)를 시기하는 먹구름 드리우더니,
계절을 바꾸는 가랑비 내리네.
가로수 가지에 성근 잎 몇 개가,
떠남을 잊은 채 초라하게 젖어가네.

秋葉

—가을 낙엽을 보고—

裏面燒夷作熱追　降霜迎接彩裝姿
離巢樂鳥飛林下　赤葉依風幾數移

안으로 불태운 지난날의 열정은,
찬 서리 맞고서 아름답게 단장했네.
집 떠나 놀던 새들 숲을 찾아 날아드니,
붉은 잎 몇 개가 바람에 날리네.

▲ 석호, 동정선생님과 소주 한 잔하고 집에 오는 길이었다. 아직 겨울은 아닌 것 같고, 그렇다고 가을도 아닌 것 같은데 가랑비가 소리 없이 내리고 있었다. 비에 젖은 잎 몇 개를 보고…(2002. 11. 3)

▲▲ 가을비를 맞이한 교정에 한바탕 스산한 바람이 몰아친다. 매미 울음소리, 한낮의 뜨거운 햇살 등 아픈 기억 속에 역할들을 성실히 수행하고 다음 세대에 자리를 물려주고 이제는 떠나는 앙상한 모습들이 신성해 보인다.(2003. 11. 19)

秋情片鱗(1)

—추정편린(1)—

染紅秋葉舞風依　去日榮華放下希
離死復生崇壯意　刻中深處永眠歸

형형색색 가을 잎이 바람 따라 흔들림은,
지난날의 영화를 놓으려 함이네.[放下*]
죽어야 다시 사는 거룩하고 장한 뜻,
깊은 곳에 새겨두고 영면의 길을 떠나네.

秋情片鱗(2)

—추정편린(2)—

廣佳荷葉舞風依　好節蓮開結實肥
生命死生天意順　昨花成綠眷眷非

넓게 펼친 연잎이 바람 따라 춤추더니,
좋은 시절 핀 꽃 벌써 연밥 되었네.
생명의 생사(生死)는 만세의 공도(公道)이니,
어제 꽃 푸른 잎을 그리워할 것은 없구나.

---

* 放下 : 방하착(放下着)으로 "一物不將來時 如何 云放下着" "한 물건도 가져오지 않았을 때 어떻습니까?" "내려놓아라."

▲ 가을은 남자를 슬프게 하는 계절이라고 했다. 이해의 계절, 떠나는 계절, 그래서 아쉬운 계절이다. 어쩌면 떠나는 것이 아니라 떠나므로 해서 사는 것인지도 모른다.(2004. 10. 30)

▲▲ 지당에 핀 아름다운 연꽃이 지고 나니 꽃이 만든 연밥과 줄기만 남았다. 가고 오는 것은 자연의 뜻에 따를 뿐이다. 그러니 백발(白髮)을 슬퍼할 것이 아니라 그것을 책임질 수 있는 행보가 중요하리라(2004. 10. 31)

注山池晩秋
─주산지 만추─

山池風起作生圓　水育王柳久歲堅
淸澤染紅爲幸福　蘚碑翁主笑如仙

주산지에 바람이니 동심원 번져가고,
물속의 왕 버들 오랜 세월 굳건하네.
저수지 붉어지고 사람들은 행복해하니,
이끼 낀 비석(碑石) 주인 신선처럼 웃더라.

表忠寺杏葉
─표충사 은행나무 잎─

野山秋滿染丹祥　杏葉姸姸落雨黃
檐磬暇鳴山麓反　旅心胸赤戀思裝

가을이 깊어 산야(山野)가 상스럽게 물드니,
곱디 고운 은행잎도 황우(黃雨)되어 날리네.
한가한 풍경소리 산록에 메아리 되어 돌아오니,
여심(旅心)의 붉은 가슴 그리움에 물드네.

▴ 주산지는 조선시대 축조한 저수지로 그 과정을 비문으로 남겨 지금도 축조 당시 상황을 알 수 있어 기록의 중요성을 일깨워주었다. 사람들은 이 가을을 몇 번이나 즐길까? 말없는 비석이 빙긋이 웃는다.(2007년 11월 11일 주산지를 다녀와서)

▴▴ 밀양 표충사 경내 은행잎이 바람에 황우(黃雨) 되어 내리니 장관이었다. 뿐만 아니라 표충사 뒷산의 붉은 잎 타는 소리가 들리는 것 같았다.(2008. 11. 16. 동정수묵회 가을야유회를 다녀와서.)

染道杏葉
—길을 물들인 은행나무 잎—

都心杏葉道塗平　雨落情人感歎生
離樹不歸榮綠氣　秋身別緖慟哀情

도심 은행잎 도로를 평평하게 덮었으니,
빗속의[雨落*] 연인들 감탄사가 살아나네.
떠나는 잎은 푸름의 영화에 돌아갈 수 없으니,
떠나는 추신(秋身)에 통애(慟哀) 정이 돋누나.

虹淵瀑布
—홍연폭포—

洞天虹瀑見岩盤　裸木詩碑接酷寒
諸物別離溪谷寂　客留心願不收寬

하늘 통한 홍연폭포 바닥을 드러내고,
잎 진 수목(樹木), 시비(詩碑)는 추위를 맞네.
모든 것을 보낸 계곡 고요 속에 빠져들어,
머물고 싶은 마음을 붙잡지 않는구나.

---

* 李白의 시 '妾命薄'에 '雨落不上天'이란 시구가 있다. "떨어진 빗방울은 하늘로 못 오른다."는 의미이다.

▲ 길바닥을 뒤덮은 위대한 시체들 말없이 뒹굴다 살은 살대로, 뼈는 뼈대로, 작렬하게 추려진다. 이렇게 죽어야 산다. 인간사도 마찬가지가 아닐까? 만나면 반드시 헤어지겠지만 영원히 만날 수 없는 이별은 참 아픈 것이다. 그래서 공자가 안연의 죽음에 대해 "顔淵死 子哭之慟 從者曰 子慟矣 曰有慟乎 非夫人之爲慟 而誰爲(논어 선진)"라고 하며 슬퍼하였다. 이에 주자는 "慟, 哀過也"라고 주석했다.(2009. 11. 8)

▲▲ 우연히 홍연폭포를 찾았다. 잎들은 지고 폭포는 속살을 드러내고 있었다. 떨어진 잎과 마른 폭포는 소소한 느낌이 들었다.(2009. 11. 24)

初冬夜有感
—초겨울 밤의 느낌—

門鳴輾轉夜爲深　月掛西窓是益沈
枝別亂飛啼落葉　非悲祈願洽靑襟

문풍지 소리에 뒤척이다 밤이 깊어지니,
서창에 걸린 달이 이를 더욱 깊게 하네.
가지 떠나 정처 없는 낙엽의 울음소리,
슬픔이 아니라 윤택한 청금(靑襟)을 기원함이네.

滿月慕情
—만월모정—

聳然南牖訪無聲　搵頸紅顔寤睡城
此處思人深麗刻　招來黑夜笑同行

하늘 닿은 창가에 소리 없이 찾아와,
수줍은 듯 고개밀어 단잠을 깨우네.
그곳에 그리운 임 아름답게 새겼다가,
어두운 밤 모셔다가 함께하며 웃으리.

▲ 서창(西窓)에 걸린 달이 무한(無限)한 모정(慕情)을 일으킨다. 특히 찬바람속의 초승달은 느낌이 더 애잔하다. 여기에 잔엽(殘葉)들의 사각사각한 울음까지 더해지니 왠지 술이라도 한 잔해야 될 것 같은 스산한 분위기다(2009. 11. 25)

▲▲ 시월 보름달은 일 년 중 가장 선명하다. 달이 중천에 오를 즈음 홍조 띤 모습으로 하늘 닿은 백오당-필자가 사는 아파트- 창문을 두드린다. 맑고 깨끗한 그 달이 얼마나 아름다웠을까?(2009. 12. 1)

望晨月

—아침달을 보고—

洗塵秋氣益清天　滿月仙遊碧夜緣
思慕牖君遊忘去　日光羞澁赤顔然

가을 기운이 세진(洗塵)하니 하늘은 더 맑고,
푸른 밤의 인연은 신선 노는 만월이네.
그리운 님 창가에 머물러 놀다가,
아침 해가 부끄러워 얼굴 붉히네.[羞澁*]

星宿送心

—별들에게 띄우는 마음—

嚴冬寒氣裂皮枝　鳥鵲歸巢寂寞垂
萬物夜氷心益惱　光星招聘酌酬思

엄동의 한기(寒氣)는 가지를 찢어내니,
까치들 돌아가고 적막함이 드리우네.
깊은 밤 만물은 얼었는데 번뇌는 더하니,
빈짝이는 별들을 초대하여 술잔 나눌까.

---

* 몸 둘 바를 모를 정도로 수줍어하는 모양. 완낭수삽(阮囊羞澁)이라는 용어도 있음.

▲ 이른 아침 출근하는 길 서천에 아직 달이 떠있다. 그리운 임의 창가에서 머물러 놀다가 돌아갈 시간을 잊어 해가 떠는 줄 몰랐을까? 수줍은 듯 얼굴 붉히며 홀로 서천(西天)에 있는 모습이 정겹다. 음력 시월은 달이 아름다운 달이고, 쓸쓸함이 아름다운 달이다.(2009. 12. 4)

▲▲ 삼라만상(森羅萬象)이 다 얼어붙은 엄동(嚴冬)인데 별빛만 살아 있다. 무슨 번뇌가 그리 많은지, 별들을 초대해 술이나 한잔했으면…(2009. 12. 19)

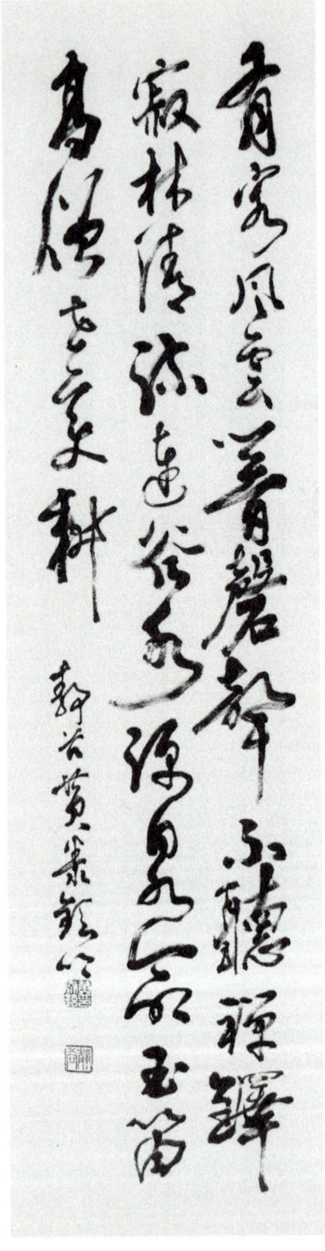

喜方寺(희방사) 〈본문 67쪽〉

自然의 품에 안겨

遊大源寺溪谷
—대원사 계곡에서 놀다—

綠雨深溪酌酒平　葉華肴核樂蟲鳴
仙遊翠谷佳歌吐　磊舞無形世外城

녹우 속 계곡에서 평온하게 잔 기울이니,
잎과 꽃 안주되고 벌레소리 풍악이네.
선유(仙遊)하던 취곡(翠谷)의 아름다운 가락에,
바위들 춤사위는 세상의 것이 아니네.

載藥山眞佛庵有感
—재약산 진불암 유감—

遠山濃霧在草庵　石徑登臨淨潔藍
風磬自閑雲息散　世煩無所不心貪

원산의 농무(濃霧) 속 희미한 초암 있어,
돌길 따라 올라보니 정결한 가람(伽藍)이네.
풍경소리 한가하여 구름도 쉬어가니,
세상 번뇌 없겠네! 탐함이 없으니.

▲ 지리산 대원사계곡은 우리나라에서 두 번째 가라면 서러워 할 정도로 깨끗하고 아름다운 계곡이다. 술 한 잔하며 아름다운 계곡을 보고 느낀 것을 적었다.(1998. 08)

▲▲ 표충사를 에워싸고 있는 재약산, 수미봉, 사자봉을 등산하면서 해발 약 950m에 위치한 조그마한 암자를 본 느낌이다. 너무나 한가롭고 편안하고 조용하여 이름 모를 산새들과 오가는 구름들만 벗하는 곳이다.(2003. 1. 13)

鬱陵島海上觀光有感

—울릉도 해상 관광 유감—

海岸奇巖刻碧波　絶崖香木舞雲梭
仙遊勝景開重疊　醉客船中恍惚歌

해안의 기암괴석 벽파가 새기고,
절벽 위 향나무는 구름 속에 오가네.
선유(仙遊)하던 승경이 겹겹이 펼쳐지니,
선중 취객은 황홀경에 들어 콧노래 부르네.

鬱陵島-三仙岩

—울릉도-삼선암—

遠二交三海上投　勝佳迷惑化仙遊
天王怒恚加姸麗　過客神奇醉步留

두 개로 세 개로 바다위에 던져져,
경치에 미혹한 선녀들이 변했다네.
옥황상세 노여움이 아름다움 더했으니,
과객은 신기함에 발걸음 멈추었네.

▴ 2003년 8월 14일부터 16일까지 울릉도 해상일주 관광을 하면서 느낀 점이다. 아직 때 묻지 않은 태고의 신비를 간직한 정말 깨끗한 섬이다. 원형이 그대로 보존되어야 할 텐데…(2003. 8. 17)

▴▴ 2003년 8월 14일부터 16일까지 울릉도를 관광했다. 울릉도는 3무의 신비한 섬이다. 울릉도 3경 중 제1경인 삼선암의 아름다움을 적었다. '해상관광유감'에 이어 두 번째 지은 것이다.(2003. 8. 17)

登漢拏山(1)
—한라산에 올라(1)—

樹林情石逕　花笑隱微香
鎭閣深川解　王冠降雨荒
霈中登白鹿　天氣受淸祥
萬楚何挑頂　靈山在處當

숲 속의 좁은 돌길이 정겹고,
웃는 꽃의 미향이 은은하다.
용진각 깊은 계곡에서 목축이니,
왕관에서 빗줄기가 거칠어지네.
쏟아지는 비속에 백록담에 오르니,
상스러운 천기를 받는 것 같구나.
어려움 속에 정상은 왜 오를까,
영산(靈山)이 응당 그곳에 있음이네.

▲ 2004년 8월 20일 한라산을 등산하면서 느낀 바를 8월 22일 적었다. 관음사 코스로 오르기를 몇 시간 만에 삼각봉을 만나고 또 걷기를 한참 만에 용진각 계곡에 도착하여 시원한 물 한잔에 목축이자 비가 내리기 시작한다. 바로 뒤쪽이 한라산 백록담이고 우측이 왕관릉인데 무심한 여름비는 등산객 발길을 막으려 하더라.

登漢拏山(2)
—한라산에 올라(2)—

起雲城築塞來賓　釜岳神仙弄鹿親
登客雨宴歡霧裏　瑞顔觀頃隱全身

구름으로 성을 쌓아 그 모습 감춘 것은,
부악(釜岳)*에 신선이 사슴과 놀기 때문이네.
비 속에 오른 객들 상무(祥霧)속에 기뻐하나,
단아한 얼굴 보이다가 숨어버렸네.

向日庵
—향일암—

金鼇山麓在岩林　海氣天光態毅深
塵世絶緣淸木鐸　衆生求濟唬觀音

금오산 산록의 바위 숲에 자리하여,
해천(海天)의 기운 받아 의연한 모습이네.
속세와 절연한 청량한 목탁소리,
중생을 구제하는 관음(觀音)의 소리구나.

---

* 釜岳은 백록담 분화구 모양이 가마솥 뚜껑을 엎어 놓은 듯하여 '부악'이라고도 함.
▲ 2004년 8월 20일 한라산을 등산하고 22일 정리하였다.
▲▲ 갑신년(2004) 1월 20일(일) 새벽 5시에 부산을 출발하여 향일암을 다녀왔다. 잎 떠난 바위산 산록 큰 바위 밑에 망망대해를 향해 서있는 조그만 암자가 다감하였다. 작지만 결코 작지 않는 그런 당당한 암자이다.

梨川谷有感

—배내골 유감—

峽谷淸天柱　閑姿覺鳥鳴
野田梨益籟　山麓碧松聲
日月同舟樂　儂吾酌酒盈
暮煙村直聳　遊客慕鄕生

협곡은 맑은 하늘 기둥이 되고,
한가한 풍경은 새들이 깨우네.
들밭은 배 익는 소리 넘치니,
산기슭 솔의 노래 정겹다.
해와 달이 동주하여 서로 즐기니,
너와 나는 술 잔 가득 채우네.
저녁연기 하늘가로 피어오르니,
나그네는 향수에 젖어드네.

▲ 2003년 직원들이 '배내골'에 야유회를 갔다. '배내골'은 전형적인 시골 풍경이라 고향생각이 나서 그랬는지 모르지만 더욱 정겨웠다. 한 잔 후의 느낌을 메모하여 정리하고 '梨川谷有感'이라 제(題)하였다.(2003. 9. 27)

登天王峰
—천왕봉에 올라—

白雪谿山積　青空法界淸
石泉無一滴　靈頂聳峰城
氣象天王發　祥雲智異生
壯姿傳百姓　世界掣剛撐

백설은 만산에 쌓여 눈부시고,
푸른 하늘 법계사(法界寺)를 맑게 하네.
석간수는 말라 물이 없지만,
정상은 만산(萬山) 중에 우뚝하네.
민족의 기상은 천왕봉(天王峰)에서 발원하고,
조국의 상기(祥氣)는 지리산(智異山)에서 피어나니.
장엄함이 국민의 가슴에 전해져,
세계를 이끄는 강한 힘이 되었으면….

▲ 2004년 1월 15일 흰 눈 쌓인 지리산 천왕봉을 올랐다. 우리 근대사의 편린들이 박혀있는 산이다. 좌우 갈등과 민초들의 한(?)을 용서와 포용으로 안아주는 어머니 산이다.

燈臺之心
—등대의 마음—

歲中孤痛欲離行　失道波鳴逮懇情
星月慰安犧意聳　閃光船路旅程明

세월 속 외로움과 고통으로 떠나고 싶지만,
길 잃은 파도의 간정(懇情)에 잡혔구나.
별과 달의 위안 속에 희의(犧意)를 높여,
섬광으로 뱃길 열어 여정(旅程)을 밝혀주네.

訪紹修書院
—소수서원을 찾아서—

景濂春氣竹溪肥　杏木枝枝綠色歸
淸水歲中流不變　不視儒士感嚴威

봄기운에 경렴정(景濂亭)* 죽계(竹溪)**가 왕성하니,
은행나무 가지마다 푸른색 더하네.
맑은 물 세월 속에 변함없이 흐르는데,
선비들은 간 곳 없고 위엄만 감도네.

---

* 소수서원 강학당 담장 밖에 있는 정자.

** 소백산에서 흘러내리는 오는 하천으로 소수서원을 돌아 흐름.

▲ 바람도 떠나고, 잎도 떠나고, 임도 떠난 황량(荒凉)한 바닷가에 갈매기마저 집을 찾아 떠났다. 별이 내려앉으니 찾는 이는 파도소리 뿐. 때로는 길게, 때로는 짧게 울어대는 파도소리를 벗 삼아 먼 길 오가는 여정을 밝혀주는 등대는 말이 없다. 인생의 여정을 밝히는 등대는…?(2007. 2. 28. 간절곶 등대를 다녀와서)

▲▲ 부석사 가는 길에 잠깐 선비촌과 소수서원에 들렸는데 생각보다 의미 있는 장소였다. 우리나라 최초의 공인 사학(私學)인 소수서원은 많은 인재들을 배출하며 명맥을 유지 했으나, 이제는 관광지로 변모하여 사람들을 맞고 있었다.(2007년 3월 24일 부석사 가는 길에 소수서원에서)

喜方寺
—희방사—

有客風雲響磬聲　不聽禪鐸寂林淸
流連谷水源泉命　玉笛高僧世變耕

풍운이 객이 되니 풍경소리 은은하고,
목탁소리 끊겼으니 숲속이 고요하네.
끝없는 곡수는 뭇 생명 원천이고,
고승의 피리소리 속세를 계도하네.

多島海
—다도해—

載春船尾素肌揚　樂樂遊心上水蒼
波灩得光輝寶石　製天群島舞煙洋

봄을 실은 선미는 하얀 속살을 드러내고,
즐거운 나그네 마음 물 위에 푸르다.
파도는 햇볕 받아 보석처럼 반짝이니,
올망졸망한 섬들은 해무 위에 춤추네.

▲ 2007년 3월 24일 부석사를 다녀오는 길에 희방사를 들렸는데 아늑한 절간이 평화롭기만 했다. 폭포에서 대금을 부는 스님의 모습이 한 폭의 그림이었다.(2007년 3월 24일 희방사를 다녀와서)

▲▲ 2007년 4월 28일 토요일 몇 가족과 함께 거문도 백도 관광 겸 산행에 나섰다. 전남 고흥군 녹동에서 일박(一泊)하고 아침에 거문도행 쾌속선을 타고 들어가는데 스치는 다도해 아름다운 풍경이 눈을 떼지 못하게 하였다.

白島斷想
—백도 단상—

上帝思情造嶼奇　舞風雲寢鳥天基
岩形萬象浮深海　水上佳宮失魄思

상제의 사무친 정이 기이한 섬 만드니,
풍운이 쉬어가고 새들의 터전이네.
천태만상 바위가 바다 위에 솟았으니,
물 위의 궁전, 보는 이는 넋을 잃었네.

巨文島斷想
—거문도 단상—

島嶼三隣好地形　外侵悲劇抗文馨
空心不欲生天順　質樸香深灑客靈

세 개 섬이 이웃하여 천혜의 지형이루니,
외침도 있었지만 문기(文氣)로 막았네.
욕심 없이 비운 마음 순리대로 살아가니,
질박한 깊은 향이 객의 영혼 씻어주네.

▲ 거문도에서 약 28Km 떨어진 백도는 파도의 휴식처이고 새들의 천국이다. 2007년 4월 28일 선상에서 백도를 바라보면서…

▲▲ 천혜의 지형으로 인해 어항이 발달됨과 동시에 영국군이 주둔하면서 '거문도 사건'이 있었던 섬이기도 하다. 거문도는 동도, 서도, 고도 세 개의 섬으로 구성되어 삼도라 하기도 한다.(2007. 4. 28. 거문도 서도를 등산하고)

玉溪沈漱亭
—옥계계곡 침수정—

玉溪佳境赤楓飛　谷上孤亭獨樂肥
孫楚漱流稱隱逸　洗塵淸界築回歸

가경(佳景)의 옥계에 붉은 잎 날리니,
계곡 위의 정자가 홀로 즐거움을 키우네.
손초의 침석수류*고사 은일을 이름이니,
세속 털고 청량계에 돌아와 정자를 지었네.

茶山草堂
—다산초당—

五月薰風穌淨堂　綠中端雅靜觀祥
流刑大士坤成學　不屈精神久歲光

오월의 훈풍에 초당이 깨어나니,
녹음 속 단아함이 고요 속에 상스럽다.
유배 온 큰 선비 학문을 이룬 곳,
불굴의 높은 정신 길이길이 빛나리.

---

* 진나라 손초(孫楚)가 "침석수류(枕石漱流), 즉 돌을 베개 삼고 시냇물로 양치질한다고 말해야 할 것을 침류수석(枕流漱石), 시냇물로 베개를 삼고 돌로 양치질한다."고 잘못 말한 고사.

▲ 청송과 주산지를 다녀오는 길에 옥계계곡을 경유하다 침수정에 들렀다. 침수정은 손초(孫楚, 265~315)고사 "침석수류(枕石漱流)"에서 유래하였다. 산수 간에 숨어 은일하는 선비를 나타낼 때 쓰는 말이다.(2009년 11월 11일 옥계계곡 침수정을 지나면서)

▲▲ 2009년 두 차례에 걸쳐 다산초당을 다녀왔다. 다산선생이 이 초당에서 십 여 년간 머물면서 이룬 학문적 업적은 후세에 길이길이 빛날 것이다.(2009. 5. 25)

紅島

—홍도—

獨無邊大海　風雨憩天亭
碧樹盆栽育　紅岩彫刻屛
客艘濤碇泊　遊船酌胸銘
好事和佳島　何時又樂聲

넓고 넓은 바다 위에 홀로 우뚝하니,
비바람이 쉬어가는 천정(天亭)이네.
푸른 나무들은 분재가 되었고,
바위들은 조각되어 넓게 펼쳐졌구나.
유람선이 파도휴게소에 머무르니,
선상의 술잔은 가슴에 남았네.
아름다운 섬에서 누리는 호사,
언제 다시 소리 내어 즐길까.

▲ 2005년 8월 19일부터 21일까지 홍도와 흑산도를 다녀왔다. 홍도는 섬 전체가 천연기념물이고 기암괴석, 원시림 등 아름다운 섬이었다. 특히 해상관광의 압권은 경치 좋은 곳에 배를 세우는 해상휴게소였다. 여기서 나누는 술잔과 생선회 한 점은 영원히 마음속에 남아 있을 것이다.

嶺南樓
—영남루—

昨今流水舊非渠　不變風光客不如
樹木丹楓冬睡寂　夕陽遊雁樂悠餘
岩花馥郁徘徊鼻　石刻歌碑惹唱余
閑閣倚欄聽竹喨　詩吟士意若崇譽

유수(流水)는 작금(昨今)을 흐르나 고랑은 같지 않고,
풍경도 불변이나 찾는 이 같지 않네.
수목들 단풍 지고 겨울잠에 들었는데,
낙조 속 기러기 즐기는 모습 여유롭네.
석화 향기 코끝에서 맴 돌고,
석각된 노래비는 콧노래를 부르게 하네.
누각에 기대 서니 댓잎 소리 스치는데,
시를 읊던 선비들을 기리는 듯하더라.

▲ 2008년 11월 16일 동정수묵회 가을야유회 때 영남루를 방문하고 반나절을 놀다가 왔는데, 영남루 천정에 많은 시인묵객(詩人墨客)들의 시(詩)가 편액 되어 것을 보고 느낌이 깊어 오랫동안 머릿속에 남아 있었다.

雲林山房
—운림산방—

鳥歌尖察下　畵業築庵基
寺刹鐘垂霧　雲林作小癡
大師求學道　佳弟寫精姿
完成三絶礎　後代繼承持

새들 노래하는 첨찰산(尖察山) 아래,
그림 그릴 초막을 지었네.
사찰의 종소리에 안개 드리우는 곳,
소치는 운림이라 이름 했네.
큰 스승에게 배움을 구하여,
훌륭한 제자는 바른 자세로 그렸네.
삼절을 완성하고 초석 놓으니,
후대는 화업(畵業)을 계승해 가는구나.

▲ 서화를 하면서 꼭 한 번 가보고 싶었던 곳이 운림산방이었다. 내가 그곳을 찾는다고 해서 실력이 일취월장할 것은 아니지만 그래도 가보고 싶었다. 부산에서 새벽에 출발하여 11시 경에 진도에 도착하여 운림산방을 돌아보고 왔다.(2009. 5. 25)

鳴梁海峽

—명량해협—

波鳴不變歲中生　板屋知神勝戰聲
忠武愛民承護國　萬邦高聳願佳成

파도소리 변함 없이 세월 속에 살아있고,
판옥선과 묘책으로 승전고 울렸네.
충무공의 애민호국정신 대대로 이어받아,
만방에 우뚝한 좋은 나라 만들었으면….

登仙臺

—등선대—

五色流川滴露成　綠陰草樹育天生
登程到着非凡處　脫俗神仙樂樂城

오색의 맑은 계곡 물방울이 만들고,
녹음의 수초(樹草)는 하늘이 키웠구나.
힘겹게 올라서니 평범한 곳 아니니,
탈속한 신선이나 즐기는 곳이네.

▲ 명량대첩은 13척의 배로 왜선 133척을 무찌른 3대 수군대첩 중의 하나이다. 이때 "한 사람이 길목을 지키면 1000명이 두려워한다[一夫當巡 足懼千夫]"라고 하면서 "죽기를 각오하면 살고, 살고자 하면 죽는다[必死則生 必生則死]"라는 유명한 말을 했다고 한다.(2009년 5월 25일 운림산방을 다녀와서)

▲▲ 설악산 흘림골, 주전골(오색계곡) 등산을 다녀왔다. 등선대는 신선이나 노는 곳인데 내가 그곳이 갔으니 이 순간만큼은 나도 신선이 되었을 것이다.(2009. 7. 25)

過五色溪谷(1)
―오색계곡을 지나면서(1)―

玉水深川灑欲淸　自然離足送聽情
淸林怪石天然物　不樂無悲超越城

깊은 계곡 옥수(玉水)에 세진(世塵)을 씻어내고,
산천을 떠나는 발길을 다람쥐가 전송하네.
맑은 숲 괴석들은 천연의 경물이니,
기쁨도 슬픔도 초월한 성역일세.

過五色溪谷(2)
―오색계곡을 지나면서(2)―

億劫流時造自然　同行如一欲爲緣
移漕不得靑山好　此地書心隷屬專

억겁의 세월 속에 형성된 자연 조화,
동행하며 하나같은 인연을 맺고자 하네.
산수를 좋아하나 실어 올 수 없으니,
이곳을 마음에 써서 따르고자 하노라.

▲ 긴긴 계곡 따라 내려오는 맑디맑은 옥빛 물은 속세의 찌꺼기를 씻어내기에 충분했다. 어느 것 하나 억지가 없다. 서화가들은 이것을 배워야 한다. 그래서 당대(唐代) 화가 장조는 "외사조화 중득심원(外師造化 中得心源)"이라고 했다.(2009년 7월 25일 오색계곡 등산을 하면서)

▲▲ 설악시인 이성선은 설악산에 살면서 설악산에 관련된 시를 쓴 시인이었다. 설악산의 깨끗한 자연과 더불어 해서 그런지 그의 시에서는 세진을 찾을 수 없을 뿐만 아니라 간결하고 담박하여 설악산처럼 아름답고 깨끗하다. 나는 그렇게 될 수 없으니 가끔 자연을 찾아가지만 그것을 닮기는 어렵다.(2009년 8월 21일 대청봉을 등산하고 오색을 지나면서)

百潭寺
—백담사—

山晴淸潔益　谷水不爭鳴
夏鳥森林樂　佳詩石刻生
僧人淸木鐸　俗世覺嘉聲
覺悟諸心莫　風雲悅樂行

산에 날 개니 더욱 청명하고,
계곡물 다툼 없이 흐르네.
여름새 숲에서 즐거우니,
시(詩)들이 돌에서 노래하네.
스님의 맑은 목탁소리는,
세상을 깨치는 소리이네.
깨달음에 너와 내가 없으니,
풍운도 즐거이 흘러가네.

▲ 대청봉 등산 갈다가 덤으로 백담사에 들렸다. 만해 스님이 머물면서 수도하여 스님의 정신이 스며있는 만해사상의 산실이다. 다만 후일 전직 대통령의 적거지로 제공되어 화제가 되었던 절이기도 하다. 그 공과는 풍운만이 알고 있을 것이다.(2009. 8. 22.)

金烏山藥師庵
—금오산 약사암—

懸月岩崖獨寺奇　舞雲風磬破閑知
孤峰外閣播鐘世　藥刹高師濟衆施

현월봉 옆 암벽에 홀로선 기이한 절,
구름 일자 풍경소리 한적함을 깨뜨리네.
고봉(孤峰)의 종각에서 울리는 종소리는,
약사암 고사(高師)되어 중생을 계도하네.

順天灣蘆田遊樂鳥
—순천만 갈대밭에 노는 새들—

廣潟寒風脚幟翻　暮煙沙壟葦歌繁
蘆邊樂鳥何時別　樂泳忘歸薄夕昏

개펄에서 바람 부니 깃발은 펄럭이고,
저녁안개 내려앉은 사구에 갈대 노래 무성하다.
갈밭 옆에 노는 새들 언제 떠나려 하는가?
땅거미 지는데 돌아감을 잊고 즐거이 오가네.

▲ 구미 금오산을 다녀왔다. 정상이 현월봉(懸月峯)이라 달이 뜨면 아름다워서 지은 이름인지 몰라도 참 좋았다. 그 바로 밑에 약사암이 있는데 이곳까지 걸어와 불공을 드리는 신도들이 있었기에 암자가 존재했을 것이다. 종교의 힘이 대단하다.(2009년 11월 28일 금오산 현월봉을 다녀와서)

▲▲ 갈대밭에서 노는 새, 그것이 한 폭의 그림이 되었다. 이를 구경하는 사람들도 해는 지려하는데 돌아갈 생각을 않는구나. 그 속에서 스스로 그렇게 지내고 싶은 것일까?(2010. 1. 3. 순천만 갈대밭을 다녀와서)

順天灣蘆田
—순천만 갈대밭—

曼衍蘆田外徑行　戀人交手步多情
身身擦擦郡鳴喊　我爾相思葦舞成

끝없이 펼쳐진 갈대밭 오솔길에,
연인들 손잡고 다정하게 길을 걷네.
몸들을 비비며 무리지어 우는 함성,
우리의 상사는 춤추는 갈대가 이루었네.

泰安寺
—태안사—

裸木桐山入泰安　寺蕭人斷雪佳觀
淸鳴木鐸心身覺　脫俗和平刹那歡

잎 떠난 동리산(桐裏山) 태안사에 들어서니,
인적 없는 경내는 눈으로 장관이네.
청명(淸鳴)한 목탁소리 심신을 깨우니,
탈속의 화평함은 찰나의 기쁨이었네.

▲ 철새도 사람도 자연경관 앞에 감탄한다. 그러나 뽐냄도 성냄도 욕심도 없다. 다만 그렇게 생사를 반복할 뿐이다. 그래서일까(?) 누구든지 안온하게 받아들인다.(2010. 1. 3)

▲▲ 눈 속의 태안사는 적막 속에 있었다. 눈바람 속에 간간히 들리는 목탁소리는 옮기는 발길을 멈추게 하였다. 이것이 마음에 닿아 잠시나마 위안을 주는 소리였다.(2010. 1. 3)

萬魚寺魚山佛影
—만어사 어산불영—

生成形宇宙　造物製刱初
佛影魚長頸　望天戀慕儲
無心風籟訪　磊臆外遊居
握手連岩愛　流時窈不除

우주에 존재하는 모든 형상은,
태초의 창조주 만듦에 따르니.
불영의 석어(石魚)들 긴 목을 뽑아,
하늘 보며 그리움 젖게 했네.
무심(無心)한 바람노래 찾아들지만,
만어들의 가슴 밖에 있으니.
손잡은 만어들의 애틋한 사랑,
세월 따라 더욱 심원(深遠)해가네.

▲ 고기들이 변해 바위가 된 어산불영(魚山佛影), 그 특이함이 녹아있는 만어사(萬魚寺)의 만어(萬魚) 너덜 풍광이 기이한 곳이다. 특히 바위를 두드리면 쇳소리가 나기 때문에 종석(鐘石)이라고도 한다.(2010. 2. 24)

登天台湖夢岩

—천태호 몽암에 올라—

深山疊疊畵如湖　碧水淸閑洌氣蘇
小浪光輝來潤瑟　遠山潭訪樂親俱
倚風還似非俗世　却訝然謠道者娛
靜坐夢岩天上繼　祥雲翠氣搭乘途

깊고 깊은 산중 그림 같은 호수에,
푸른 물 청한(淸閑)하니 맑은 기운 솟아나네.
물결은 빛을 받아 윤슬(潤瑟)이 되니,
먼 산이 호수를 찾아 함께 하네.
바람에 기대니 인간세상 아닌 듯 하고,
자연 노래들으니 마치 신선이 된 듯하네.
꿈 바위에 앉으니 천상과 이어졌으니,
취기의 상운을 타고 가는 것 같더라.

▲ 삼랑진에는 양수발전소가 있다. 두 개의 댐을 만들어 물을 오르내리면서 발전한다고 한다. 위에 있는 천태호(天台湖)는 경치가 아름답고 가는 길 또한 아름답다. 봄꽃이 피는 계절이면 더욱 아름다울 것이다.(2010. 2. 24)

霧中白羊寺
—안개속의 백양사—

霧中楓葉照明佳　貯水招秋與樂偕
禪刹柱聯無變意　感人非舊益悲懷

안개 속 단풍잎은 불빛 받아 아름답고,
호수는 가을 불러 함께 즐기네.
고요한 사찰의 주련은 변함이 없는데,
느끼는 자 옛날 아니니 시름만 더하네.

獨樂堂溪亭
—독락당 계정—

世緣諸絶自娛云　舞鳥歌川共樂雲
隱士去天情迹有　古亭端雅發香文

세상 인연 모두 끊고 자오(自娛)하고자 하였으나,
옥천 노래에 새 날자 상운도 함께 했네.
은둔고사 갔어도 흔적은 남았으니,
단아한 정자에서 문의 향기 풍기네.

▲ 10여년 만에 찾은 백양사는 자욱한 안개 속에 쌓였다. 조명 받은 단풍이 선혈처럼 붉었고, 적막 속에 든 백양사와 기둥의 주련(柱聯)은 옛날 그대로였다.(2010. 11. 6)

▲▲ 옥산서원 옆 독락당은 보물 제413호로 회재 이언적 선생이 귀향하여 귀거했던 건물이다. 독락당 바로 옆 개울가에 계정을 지어 자연과 교융(交融)하고자 했는데, 계정 가는 길 담장에 담살을 내어 자연과 소통(疏通)하고자 했으니 회재 선생의 자연 사랑을 느낄 수 있다.(2010. 9. 25)

獨樂堂墻垣
—독락당 담살—

內外生遮竅土墻　淸風疏際悅陰陽
春秋育谷回新幾　樂感空間不變長

안과 밖을 차단하는 흙담에 창살 내고,
청풍과 소통하며 광음 속에 즐겼으리.
옥곡(玉谷) 키운 춘추는 몇 번이나 바뀌었나,
좋아했던 공간들은 긴 시간 변함 없더라.

雁鴨池夜景
—안압지 밤 풍경—

鴨池佳照繡湖輝　素月東天舞水依
燒酒一杯談笑樂　積愁銷鑠悅心飛

안압지의 고운 조명 호수에 수 놓으니,
동천의 가을달도 물결 따라 춤추네.
한 잔 술에 나누는 담소의 즐거움에,
쌓인 시름 녹이서 기쁜 마음 나르네.

▲ 독락당 옆 계정은 긴 담장을 따라 가는데 그 담장의 중간 쯤 구멍을 내고 여기에다 담살을 만들어 자연과 소통하고자 한 특이한 담장건축양식이 있어 뭔가를 생각하게 하였다.(2010. 9. 25)

▲▲ 고풍스러운 누각과 호수에 현대 감각의 조명이 신구의 절묘한 조화를 이루어 아름다움을 연출하고 있었다. 2010년 9월 25일 안압지 야경을 보고

雲住寺石佛有感
—운주사 석불 유감—

友靠岩堈石佛多　似鳴如笑頭身磨
苦哀刺切無語默　起待天時臥佛阿

바위 밑에 기대선 수 없는 석불들,
우는 듯 웃는 듯 몸도 머리도 갈리었네.
잘리고 찢긴 아픔 함묵으로 지켜 서서,
언덕 위 와불(臥佛)이 일어설 날 기다리네.

遊於息影亭
—식영정에서 놀다—

息影高臺靜坐亭　翠松淸曲灑然聽
佳湖似盎容風景　滿盞詩情客臆停

고대(高臺)의 그림자 쉬는 정자에 정좌(靜坐)하니,
취송(翠松)의 맑은 곡조 상쾌하게 들려오네.
동이 같은 가호(佳湖)는 풍경을 담았는데,
잔에 찬 시정(詩情)은 가슴에만 머무르네.

▲ 길가에 늘어선 목 없는 불, 몸 없는 불, 이지러진 석불들이 어느 때는 안타깝게, 어느 때는 해학적으로, 어느 때는 성스럽게 다가왔다.(2010. 11. 26)

▲▲ 옛 사람들은 경치 좋은 곳에 정자를 짓고 시를 지으며 아름다운 생을 살았던 것 같다. 이곳에서 송강선생이 성산별곡을 지었다고 한다. 그런데 지금은 많이 변해 식영정 앞에 댐이 조성되어 풍경을 담고 있다.(2010. 11. 26.)

茶飮茗可蹊

—명가혜에서 차를 마시다—

鬱篁淸氣滿堂生　竹露深甘獨唱香
荒寂纁情餘慕化　旅心爲畵記佳蒼

대숲에 이는 기운 집안에 가득하고,
죽로차 깊은 맛에 남도소리 그윽하니.
황량한 고요에 수놓은 정 그리움 되었으니,
여심(旅心)에 그림 되어 아름답게 기억되리.

望洋亭

—망양정—

乾坤二處一生端　萬頃蒼波極不看
億劫風光無變在　閑亭瞰海友雲寬

땅과 하늘은 둘이나 맞닿은 끝은 하나이니,
부서지는 만경창파(萬頃蒼波) 그 끝이 아득하네.
억겁에 풍광은 변함 없이 그대로이니,
정자는 먼 바다 보며 오가는 구름 벗하네.

▲ 담양의 찻집 '명가혜'에 들려 차 한 잔 나누었다. 대밭의 댓잎 우는 소리와 대조적으로 고요하고 아늑한 분위기, 그리고 차향(茶香), 여기에다 주인의 판소리 노랫가락이 여심(旅心)의 흥취를 돋우어 즐거웠다.(2010. 11. 27)

▲▲ 2011년 8월 17일 울진 '금강소나무숲길'을 걷기 위해 울진 두천리 가는 길에 망양정에 들려 감상에 젖었다. 겸재가 그린 망양정은 이곳이 아니라고 한다. 그리고 관동팔경 중 망양정이 제일 아름다운 곳이라고 한다.

越松亭
—월송정—

不見松林月　淸風擁美音
關東開八景　名勝在千吟
似鶴花郎志　如草普者尋
重來思毋特　不足嘆詩心

소나무 위로 솟은 달은 보지 못하고,
청풍이 안고 온 솔의 노래 만났네.
관동의 팔경은 여기서부터 시작되었으니,
명승은 천년을 읊어도 그대로 이네.
학 같은 화랑들 웅지를 펼쳤고,
야초 같은 범인은 경치를 찾았네.
다시 찾아도 특별한 생각 없으니,
시심이 부족함을 탄식 하노라.

▲ 월송정은 이름만 들어도 소나무가 아름다운 곳이라는 것을 알 수 있다. 또 소나무 위로 달이 뜨면 더 아름답다고 한다. 그러나 그 풍경은 마음속에 있다.(2011. 8. 17)

過佛影溪谷仙遊亭
—불영계곡 선유정을 지나다가—

億劫天然作品成　風雲喜樂往遊情
佳人麗谷爲同一　友執如仙酌酒耕

하늘은 억겁으로 아름다운 작품 만드니,
풍운도 즐거이 정을 나누며 쉬어가네.
계곡의 풍광이 가인(佳人)들과 하나 되니,
술잔 주고받는 벗들은 신선이더라.

登統營彌勒山
—통영 미륵산에 올라—

海連多島久形繁　水玉如乳自美元
俯瞰文人無筆迹　登心直慕勝源源

바다 이은 다도(多島)는 억겁 속에 다듬어져,
젖가슴 같은 수옥(水玉)들 자연미의 으뜸이네.
부감(俯瞰)*한 문인도 무필적(無筆迹) 하였으니,
아득한[源源**] 승경(勝景)은 등심(登心)에 그리움 되었네.

---

* 높은 곳에서 내려다 본 풍경
** 사물이 끊임없이 이어지는 모양.
▲ 울진 불영계곡을 내려오다 선유정(仙遊亭)에 들렸다. 정자(亭子)에서 내려다보는 계곡이 아름다웠다. 창송 이영대, 이정안, 진용상 선생과 술잔 나누니 지나는 바람도 한 잔, 바위를 벗하는 소나무도 내려와 한 잔, 흘러가는 구름도 한 잔 거들었으니 전부 하나가 되었다. 모두 신선(神仙)이더라.(2011. 12. 29)
▲▲ 정지용 시인은 이곳에 올라 "통영과 한산도 일대의 풍경 자연미를 나는 문필로 묘사할 능력이 없다. (…)통영포구와 한산도 일폭의 천연미는 다시 있을 수 없는 것이라 단언할 뿐이다."라고 하였는데 감히 내가 이곳을 언급할 수 있을까? 그러니 올망졸망한 섬들은 그리움이 되었다.(2012.02.23)

章山湖
—장산호—

築湖裨補造林圍　坐息風雲鶴樂飛
訪客梅香肴酌酒　孤情神道笑俱依

비보 위해 호수 짓고 나무 심으니,
풍운(風雲)이 쉬어가고 학(鶴)도 날아드네.
탐객(探客)들이 매향을 안주삼아 수작(酬酌)하니,
홀로 선 신도비도 함께 웃더라.

海岩農場
—해암농장—

日光山麓好陽光　築幕草牆具備堂
笑訪風雲鼯鳥樂　情心接客地繁昌

일광산 자락 양지 바른 좋은 곳,
초막 짓고 풀 담 둘러 세간 살이 장만 했네.
풍운이 찾아 웃고 새 다람쥐 즐거우니,
객을 맞는 정겨운 마음 농장과 함께 번창 하리.

▲ 2012년 3월 31일 고성 옥천사 매화 보러 갔더니 아직 개화하지 않았다. 돌아오는 길에 마암면 석마(石馬)와 장산리 허씨 고택의 백매(白梅)를 보고 마을 앞 호수에서 서두석, 이정안, 허기주 선생과 소주 한 잔하고 왔다.

▲▲ 나와 오래 동안 같이 근무했던 해암 김석환 선생님의 농장에 가끔 들리는데 좋은 곳에 자리 잡고 있으며 초막이 정말 잘 정리 정돈 되어 있다. 그래서일까(?) 밭작물도 주인과 닮아 깔끔하게 자란다. '들뫼' 회원들과 봄 날 한 때를 보내고 왔다(2012. 4. 29)

石林望峰亭
—석림 망봉정—

地天成怪磊　群嶂立琦姿
石樹風吹氣　奇於發美思

하늘과 땅이 돌산을 만드니,
깎아지른 수많은 봉, 모습이 기이하네.
석림(石林)에 이는 바람에 청기(淸氣)가 솟아,
아름다움보다 신기함이 앞서더라.

廣州古采石場
—광저우 옛날 채석장—

石壁詩雕詠嘆巖　水心蓮育質生咸
崔深谷谷神奇疊　地棄吹魂處命帆

바위에 시를 새기니 노래하는 돌이 되고,
수심(水心)은 연(蓮) 키우니 모든 생명 바탕이네.
높고 깊은 골마다 신기함이 겹겹이니,
버려진 땅에 혼을 넣어 생명을 주었네.

▲ 바다에서 솟아오른 땅이 비바람에 풍화되어 기괴한 모습이 된 특수한 지형이 석림이다. 바위의 모습이 기기묘묘하여 입을 다물지 못했다. 아직 개발 중이라고 하니 그 규모는 상상을 초월한다. 자연의 위대한 작품이었다.(2006년 1월 19일 중국 운남성 곤명 석림)

▲▲ 광저우 채석장에서 느낀 점이다. 돌을 캐고 난 쓸모없는 땅을 가꾸어 생명을 부여한 그들의 지혜가 좋았다.(2006년 1월 20일 중국 광저우.)

臺灣太魯閣
―대만 태노각―

歲月調和水路開　腸廻怪曲造溪裁
江山得地諸人樂　感興餘情久歲陪

세월의 조화가 물길을 열면서,
굽이굽이 기괴한 계곡을 다듬었네.
강산의 작은 땅 얻어 사람들이 즐기니,
감흥의 여정(餘情)은 두고두고 더하리.

臺灣野柳地質公園奇岩
―대만 야류지질공원 기암―

歲月何流刻怪奇　女南頭造竝肩姿
胡緣二割山視坐　牽織於悲不際移

세월이 얼마나 흘러야 이런 괴기함 새길 수 있나,
처녀총각 머리 새겨 어깨를 나란히 하였네.
어떤 인연 둘을 갈라 산을 보고 앉혔는가,
견우직녀보다 더 슬프구나! 평생 만날 수 없으니…

▲ 2008년 1월 22일부터 25일까지 3박 4일간 대만을 여행하던 중 1월 24일 태로각을 관광하면서 받은 느낌이다. 차동훈, 이학우, 이찬호, 박찬두님과 함께 여행하였다. '태노각'은 장개석이 범죄자들을 잡아다 공사를 했다고 하니 사람의 힘이 대자연에 비해 미미하지만 때로는 참 무섭다는 생각이 들었다.

▲▲ 2008년 1월 대만을 여행할 때 야류지질공원에 갔다. 자연이 조각한 위대한 작품들을 보았는데, 그중 댕기를 땋은 처녀총각바위가 빗속에 나란히 서있었다. 이들은 목이 풍화되고 있는 것과 전부 바다를 등지고 있는 공통점이 있었다. 젊은 남녀바위는 평생 만날 수 없으니 그 모습이 애잔해보였다.(2008. 1. 23)

西安華淸池
—서안 화청지—

一笑無顔粉黛蕭　佳人天質不湮消
君王選在親陪侍　賜浴華淸寵愛饒
稀代戀心知永遠　世情猜忌斷緣調
連枝比鳥天長共　石刻哀辭遞歲超

한번 웃음에 궁녀들 무안색(無顔色)되니,
미인의 바탕이 묻힐 리가 있겠는가.
군왕에게 뽑혀 옆에서 모셨는데,
화청에서 온천을 허하며 총애가 깊었네.
희대의 그들 사랑 영원할 줄 알았지만,
세상은 시기하여 이들을 갈라 놓았으나.
연리지 비익조 되어 길이길이 함께 하도록,
이들의 사연 석각(石刻)하니 세월 넘어 전하네.

▲ 2008년 5월 9일 중국 서안에 갔다. 화청지 들어가는 입구에 백거이(白居易)시 장한가(長恨歌)를 모택동의 유려한 초서체로 각한 것이 있었고, 양귀비가 온천한 해당탕(海棠湯) 주위에도 돌에 새겨져 있는 것을 보고 느낌을 적었다.

張家界

—장가계—

天茨撐石柱　萬數豎神顔
怪谷吹雲起　諸峯造島山
崖途舒秘境　別地弗人間
若不觀玆處　何評秀勝鬫

하늘을 받치는 수 없는 석주들,
신비한 모습으로 줄줄이 섰네.
기이한 골짜기에 구름 드리우자,
봉오리마다 섬과 산이 되었네.
절벽 길 따라 펼쳐진 비경은,
인간 사는 세상이 아니로다.
만약 이 곳을 보지 못했다면,
어찌 승경을 꿰뚫어 논하겠는가.

▲ 2008년 5월 8일부터 5월 12일까지 중국 서안과 장가계를 여행하던 중 2008년 5월 11일 장가계를 관광하고 돌아와 정리하였다. 돌아오는 12일 날 사천성에서 대지진이 일어나 많은 피해를 입었다는 보도가 나왔다. 하루빨리 상처가 치유되기를 기원한다.(2008. 5. 13)

物과 景의 노래

仙巖寺
—선암사—

裸木枝端接翠天　降昇秘景案禪仙
雙刳淨水情風景　寺守無言久塔虔
木鐸淸深心壁毁　檐鈴蕭寂惱消然
年年益古如梅秀　衆擁教相億劫傳

잎 진 가지들은 파란 하늘 닿았고,
승선교[降*] 강선루[昇**] 비경이 길을 안내하네.
쌍고 따라 흐르는 물 정겨운 풍경이고
묵묵히 사수(寺守)하는 탑은 오래시간 정갈하다.
맑고 깊은 목탁소리 마음 벽 허무는데,
소적(蕭寂)한 풍경소리에 번뇌가 사라지네.
해마다 예스러움 더하는 빼어난 매화같이,
중생을 안는 교상(教相)***을 억겁에 전하리.

---

* 昇仙橋 : 선암사 입구에 있는 다리. 여기서 강선루를 보면 선경임.
** 降仙樓 : 선녀들이 내려와 놀았다는 아름다운 곳.
*** 부처님이 설한 교법의 특징.
▲ 1박 2일 가족 봄나들이 때 선암사에 들렸다. 그렇게 보고 싶어 했던 4단 수조(水槽)와 고매(古梅)의 개화는 보지 못하고 다음을 기약하며 돌아섰다.(2009. 3. 15)

仙巖寺仙巖梅
―선암사 선암매―

俟望憐戀到難成　凍睡仙梅輓寤明
隱逸高生成績歲　開花節士疊開榮
珍華不適心形寫　玉骨非凡臆闡盈
孤貴上英顔暖擁　仙香世俗掃淸晶

기다림이 그리움 되어 어렵게 찾았건만,
겨울잠 자는 고매(古梅)는 밝기를 더디 하네.
은일의 고고한 삶 세월 속에 쌓았으니,
개화(開花)하면 선비정신 더하여 피어날 것이네.
꽃 보는 때는 비켰으나 그릴 수 있어,
옥골의 비범함을 가슴에 피웠네.
고고한 꽃들은 따뜻한 얼굴로 안아주고,
선계(仙界)의 향기는 세진 씻어 청정하네.

▲ 2010년 3월 21일 선암사 선암매(仙巖梅)는 아직 완전 개화하지 않았다. 봉오리를 달고 시간을 기다리는 노간(老幹)의 의연함이 마치 노승(老僧)의 노숙한 걸음걸이와 같은 느낌이었다. 고매(古梅)의 꽃맞이는 다음으로 미루고 마음에서 피울 수밖에 없었다.

梅花蕾(1)
—매화 꽃봉오리(1)—

歲月非流限我行　朝迎夕別日全烹
來時內製成情熱　似火開花馥染盈

세월은 그대론데 나만 흘러가는가,
아침 맞고 저녁 가니 또 하루가 지나가네.
오는 시간 속에 영그는 붉은 정열,
불같이 터져 나와 청향으로 가득하리.

梅花蕾(2)
—매화 꽃봉오리(2)—

山峯白雪造寒風　獨起佳顔感冷窮
凡事伴隨無痛楚　孤高士愛毋爲豊

산정의 하얀 눈이 찬바람 만드니,
홀로 맺은 고운 얼굴 추위 속에 애처롭네.
범사를 따르면 아픔이야 없겠지만,
고고한 선비의 풍성한 사랑 없었을 것이네.

▲ 혹한을 견디는 봉오리는 맑은 향을 잉태하고 있다. 봉오리가 터지는 날 그 향기는 세상을 향해 번져 나갈 것이다. 세상 살면서 그런 향이 나야 하는데… (2010년 1월 25일 매화 꽃봉오리를 보고)

▲▲ 설을 이틀 앞두고 비가 오다가 눈이 내리는 등 일기가 고르지 않다. 먼 산은 하얗게 눈으로 장식했다. 여기서 만들어진 바람일까 찬바람이 매화봉오리를 스친다. 참 아플 것 같다. 그래서 선비들이 좋아했을까?(2010. 2. 12. 한 학년을 마치고 집에 오다 매화를 보고)

吟雨中梅

—빗속 매화를 보고 읊음—

雨裏梅花悴顇加　花姿滴擁抱慈嘉
霖中閉臆俱君弗　霽日隨香與樂華

비 맞은 매화 얼굴 초췌해 보이지만,
물방울 안은 꽃잎은 사랑 품은 여인이네.
우중이라 가슴 닫아 함께 할 수 없으나,
비 개면 향기 따라 더불어 함께 하리.

詠梅

—매화를 읊음—

老幹新枝玉骨嘉　無塵本意世高官
東風化蝶華顔樂　大醉花香忘去家

노간(老幹) 신지(新枝) 아름다운 옥골들,
본의가 청정하여 세상의 고관이네.
춘풍이 나비 되어 화안(花顔)에서 즐거우니,
향기에 취해서 돌아감을 잊었네.

▲ 내가 근무하는 학교 음지 언덕에 하얀 매화가 만개했다. 몇 일째 계속 일기가 고르지 못하더니 오늘은 비가 많이 온다. 비를 머금은 매화 꽃잎은 지중한 사랑을 가슴에 품은 고고한 여인의 모습이다.(2010. 3. 5)

▲▲ 삼월 들어 맑은 날이 없었는데 오늘 잠깐 햇볕이 나왔다. 백오당 옆 화단에 핀 매화가 좋아 사진을 촬영하고 그 향에 취해 우두커니 앉았는데 바람이 찾아와 함께 하였다.(2010. 3. 7)

雪中梅
—눈속의 매화—

花中逸品雪中梅　白冷堂堂萬朶魁
華樹詠風無樂譜　聞香曲律感甘來

꽃 중의 일품은 눈 속의 매화이니,
하얀 추위에 당당함은 화중(花中)의 으뜸이네.
화수(華樹)에 이는 바람의 노래 악보는 없지만,
들려오는 설중매향(雪中梅香) 선율이 감미롭네.

金錢山金芚寺梅香
—금전산 금둔사 매향—

暖景暄顔赤臆開　春風來訪共遊回
淸香滿載飛搬播　醉馥岩心含笑孩

햇살에 얼굴 데워 붉은 가슴 열었으니,
봄바람이 찾아와 머물러 놀다가.
청향을 가득 실고 이리저리 뿌리니,
향에 취한 바위들 해맑은 웃음 머금었네.

▲ 새벽에 내리기 시작한 눈이 꽤 많이 쌓였다. 산천경계를 하얀색으로 물들인 백설을 보고 다들 좋아한다. 이것은 순백(純白)이 주는 순수에 대한 향수 때문이 아닐까?(2010. 3. 10)

▲▲ 2010년 3월 21일 선암사 선암매 보려갔다가 선암매는 아직 완전히 개화하지 않아 이웃한 금전산(金錢山) 금둔사(金芚寺) 홍백매(紅白梅)를 보고 왔다.

樂安街路樹梅花
—낙안읍성 앞 가로수 매화—

道側番舒氣滿梅　如乳頭蕊艶懸枚
佳姿玉鐸歡迎玩　醉變紅顔翠笑來

도로가에 늘어선 기운 오른 매화,
유두 같은 꽃봉오리 탐스럽게 달렸네.
고운 자태 구슬들이 맞이하여 함께 하니,
취해 물든 홍안(紅顔)에 푸른 미소 돋아나네.

探仙巖寺仙巖梅
—선암사 선암매를 찾아서—

探梅遠路走成來　老樹冬眠不覺哉
明歲笑姿遭遇與　寒枝夕鼓谷鳴回

매화 찾아 먼 길을 단숨에 왔건만,
노매는 동면에서 깨어나지 않았네.
내년에는 활짝 핀 꽃 만날 수 있을까?
한지(寒枝)사이로 석고(夕鼓)*만 메아리 되어오네.

---

* 저녁 북소리.

▲ 낙안읍성 부근 도로의 가로수는 매화나무였다. 개화를 기다리는 탐스러운 봉오리들이 너무나 정겨웠다.(2010. 3. 21)

▲▲ 3년 째 선암사에 왔건만 고매(古梅)의 개화는 보지 못했다. 이왕 내킨 김에 내년에도 와야겠다. 그러면 활짝 핀 모습 볼 수 있을까.(2011. 3. 27)

探金錢山金芚寺梅花

—금전산 금둔사 매화를 찾아서—

去歲沈香酣興長　今年不變笑開芳
探梅與樂過春似　戀慕其花不及强

지난 봄 향에 빠져 감흥이 길었는데,
금년에도 변함 없이 피어서 웃는구나.
탐매하여 즐김은 지난 봄과 같은데,
그리움은 그 꽃에 미치지 못하네.

元正梅(1)

—원정매(1)—

愛梅充滿植生慈　匿意魁花慧眼知
感想春香詩作刻　靑穹志格士神垂

매화사랑 충만하여 식생(植生)하여 아끼니,
빼어난 꽃 숨은 뜻을 혜안으로 알았네.
매향의 감상을 시를 지어 새겼으니,
높고 깊은 지격(志格)*의 선비정신 드리우네.

---

* 고상한 뜻과 높은 인격.

▲ 금전산 금둔사를 작년에 이어 올해도 들렸다. 이 절에 있는 홍매는 전부 만개하여 사람을 즐겁게 했다. 그러나 한 해 또 한 해가 지나면 매화는 연륜이 쌓여 노숙해지겠지만 그것을 감상하는 사람은 많이 바뀔 것이다.(2011. 3. 27)

▲▲ 동정수묵회 탐매여행(探梅旅行)이 3월 26, 27일 실시되었다. 원정공이 심은 원정매를 보고 지은 두 수 중 한 수이다.(2011. 3. 27)

元正梅(2)

—원정매(2)—

秀花潛意夙知心　眷屬思梅愛樹岑
久歲無人香氣續　不忘高志益時沈

빼어난 꽃 숨은 뜻 일찍이 알아,
권속(眷屬)*처럼 돌봤으니 매화사랑 높았네.
세월 속에 사람 가도 향기는 이어져,
불망(不忘)의 높은 뜻은 세월 따라 깊어지네.

政堂梅有感

—정당매 유감—

寺刹人才去不看　孤存老樹動心丹
含花士氣開寒獨　似玉飛香塔覺歡

사찰과 인걸은 가고 없지만,
홀로 남은 고매(古梅)는 붉은 마음 동하여.
선비 기운 머금은 꽃 추위 속에 피웠으니,
벽오 같은 청향에 탑들이 깨어나네.

---

* 한집안의 식구.

▲ 원정공이 심은 원정매는 이곳에 식수한지 650여 년을 넘어 가고 있다고 한다. 매화의 의미를 일찍 알고 좋아했기 때문에 이렇게 키웠을 것이다. 백훼(百卉)의 장(長)인 매화를 심은 주인의 뜻은 나무와 함께 전하고 있다.(2011. 3. 27)

▲▲ 정당매가 있는 입구에 옛 절터임을 알리는 삼층석탑이 동서로 서있다. 나무를 심고 키운 선비의 정신을 오롯이 전하는 봄을 깨우는 맑은 향이 은은하게 풍기니 석탑(石塔)이 기나긴 잠에서 깨어난다.(2011. 3. 27)

山天齋南冥梅

—산천재 남명매—

德川歌樂鳥歌聲　智異淸情闢朶瓊
高士學詩生正道　乘風文馥鼻回行

덕천강*물 노래에 새들이 장단 하니,
지리산 맑은 정이 구슬 꽃 피웠네.
높은 선비에게 학시(學詩)하고 정도를 걸었으니,
청풍에 이는 문자향이 코끝에서 맴도네.

雨水日梅花

—우수일 매화—

漁勞水獺雁離乾　擁蕊猜爲冷氣殘
先出白肌哀氷點　泰山雖滯産春寬

수달이 고기 잡고 기러기 떠나는 절기건만,
꽃봉오리 시샘하는 한기(寒氣) 떠나지 않았네.
먼저 내민 하얀 속살 추위에 애잔하니,
태산이 막아서도 봄날은 올 것이네.

---

* 지리산에서 발원하여 산천재 앞으로 흐르는 강.

▲ 산천재 앞마당의 남명매(南冥梅)는 남명 조식선생이 심고 키운 나무라고 한다. 지리산의 맑은 공기와 남명선생의 책 읽는 소리를 듣고 자란 나무라서 그럴까? 고고하고 단아한 자태에서 고품격이 느껴지는 매화였다.(2011. 3. 27)

▲▲ 2011~2012년 겨울은 길고도 춥다. 예전 같으면 우리 아파트 매화가 피었을 것인데, 영하의 기온인 오늘 매화 보러 갔더니 하얀 속살 초승달처럼 드러내다 추위에 움츠리고 있을 뿐 개화는 아직 멀리 있어보였다. 누구보다 먼저 간다는 것은 쉬운 일이 아니다.(2012. 2. 19. 雨水日)

都梅
—도심의 매화—

寒天氷骨發妊春　雨水過然産玉身
白雪如肌端雅態　羅浮山醉士知眞

뼈 속까지 스미는 추위가 봄을 잉태하니,
우수(雨水)가 지나자 옥구슬을 출산했네.
백설 같은 하얀 피부 단아한 자태(姿態),
나부산(羅浮山)*에서 취한 선비 알 것 같구나.

章山里許氏古宅梅
—장산리 허씨 고택 매화—

章山許宅古梅琳　體擁臺架發白花
露骨苔衣高稟位　老軀嚴肅起香華

장산 고을 허씨 고택 고매가 그윽하니,
지주 대 끌어안고 하얀 꽃 피웠네.
이끼 옷 걸쳐 입은 쇠락한 몸이나 품위는 높아,
노구(老軀)의 엄한 자태에서 화향이 이네.

---

* 나부산은 중국 광동성에 있는 매화 산지이다. 수나라 조사웅(趙師雄)이 나부산 한 술집에서 소복단장한 아름다운 여인의 영접을 받았는데, 그녀는 꽃다운 향기가 엄습하고 말씨 또한 매우 맑고 고왔으므로 그녀와 취하도록 담소하며 놀다 깨고 보니 그녀는 매화의 정령이었다는 고사가 있다.

▲ 2012년 3월 3일 비바람 속에 피어있는 도심(都心)의 매화를 보고

▲▲ 고성군 마암면 장산리 허씨 고택의 백매를 보고 왔다. 노구에도 불구하고 신지(新枝)에 꽃을 피웠으니 아름다움이 아니라 생명의 외경(畏敬)을 느꼈다.(2012. 3. 31)

曺溪山仙巖梅
—조계산 선암매—

曺溪春意産新芽　樹樹仙梅發笑加
深谷散香爲臆慕　疊時攸日與思霞

조계산 춘의(春意)가 신아(新芽)를 출산하니,
선암매 나무마다 웃음꽃 더하네.
심곡(深谷)에 흩어지는 향기는 그리움 되었으니,
켜켜이 쌓인 아득한 날 그리워짐이 있을까?

白羊寺古佛梅
—백양사 고불매—

九重深處暗梅香　散入春風滿白羊
端態笑顔孤秀麗　閨房淨潔似視祥

구중심처 깊은 골에 은은하게 피어나는 향,
봄바람에 흩어져 백양사에 가득하네.
미소 짓는 단아(端雅)함 홀로 수려하니,
규수의 정결(淨潔)한 상서로움 같네.

▲ 지난해에 이어 올해도 선암매를 찾았다. 아니 4년째 찾았다. 이제 선암매는 그리움이 되었다. 켜켜이 쌓인 그리움이 언젠가 못 견디게 그리울 날이 있을까?(2012. 4. 14)

▲▲ 지난해에 이어 두 번째 동정수묵회원들의 탐매여행이다. 먼저 간 곳은 선암사이고 ,두 번째 찾은 곳이 백양사 고불매이다. 고불매는 곱게 단장하고 앉은 규방의 품격 있는 규수의 모습을 하고 있었다.(2012. 4. 14)

坐息影亭
—식영정에 앉아서—

息影亭孤聳　淸風友水飛
松歌垂獨榭　梅馥洗塵微
待鳳人姑射　佳夢子惚肥
黃昏諸復座　蜂蝶隷回歸

그림자 쉬는 정자 홀로 우뚝하니,
청풍이 호수에서 날아와 벗하네.
솔의 노래가 고정(孤亭)에 드리우니,
매화 향기는 미진(微塵)을 씻어내네.
대봉(待鳳)*의 선비는 고사(姑射)**가 되었나,
가몽(佳夢)의 현인은 황홀(恍惚)에 들었네.
황혼은 모든 것을 제자리로 돌리니,
돌아서는 발길에 벌 나비 따르네.

---

* 임억령의 식영정 시 중에 봉황을 기다린다는 구절이 있음.

** 본래는 장자(莊子)에 나오는 산 이름인데, 후대에 오면서 신선(神仙)을 가리킴.

▲ 식영정은 이번까지 두 번째 왔다. 지난번에 왔을 때는 11월의 꽤 쌀쌀한 날씨였지만 그래도 마루에 앉아 호수를 바라보며 한 잔 하면서 선인들의 발자취를 더듬었는데, 이번에는 이것이 여의치 않았다.(2012. 4. 14)

溪堂梅
—계당매—

大士思閑美里留　後孫梅植不廋流
開花老體飛香醉　陷沒瑤臺斡足收

큰 선비 사색하고 유하던 아름다운 마을,
후손이 매화 심어 흐른 세월 셀 수 없구나.
노구에 꽃을 피워 날리는 향에 취해,
요대(瑤臺)*에 들었는데 발길을 돌리라 하네.

坐瀟灑園光風閣
—소쇄원 광풍각에 앉아서—

太初形質造園林　是處遊居自樂尋
生死確然知境界　遺痕舊現繼承心

자연 형태 그대로 원림을 조성하여,
이곳에 유거하며 자락(自樂) 하였네.
삶과 죽음은 확연한 경계(境界)인데,
흔적(痕迹)은 고금(古今)의 마음을 이어주네.

---

* '초사(楚辭)'에 나오는 선경(仙境).

▲ 2012년 4월 15일 제일 먼저 찾은 매화가 계당매였다. 홍백매(紅白梅) 두 그루가 나란히 서서 꽃을 피웠다. 문인화에서 보던 뒤틀린 둥치를 여기서 보았다. 고매(古梅) 중의 고매였다.

▲▲ 소쇄원은 조선 중종 때 학자인 양산보(梁山甫)가 만든 별서정원(別墅庭園). 기묘사화로 스승인 조광조(趙光祖)가 화를 입자 정치에 회의를 느끼고 시골로 내려와 조성하였다고 한다. 자연미와 구도에서 원림 중 첫 번째로 꼽힌다.(2012년 4월 15일 소쇄원을 다녀와서 그 느낌을 적었다.)

環碧堂
—환벽당—

四方環碧築亭成　學究松江出仕榮
雙幹老梅盛榭馥　客胸幽入惜離行

사방이 푸른 곳에 정자를 지으니,
송강선생 수학하여 출사해 꽃피웠네.
쌍간(雙幹)의 노매(老梅)가 정자 향 날리니,
객의 가슴 파고들어 떠남을 아쉬워하네.

思香
—사향—

雨露根莖育　花姿美益吹
發香愚昧覺　朶落不忘慈

비바람 속에 한 떨기 키워내더니,
꽃 피니 고운 자태 아름다움 더하네.
풍기는 맑은 향에 어리석음 깨쳤으니,
꽃 진다고 그 사랑을 잊을까.

▲ "사방이 푸름으로 둘렀다"라고 하여 환벽당이라 했는데 지금은 분위기가 썰렁하다. 그래도 노매(老梅)가 있어 정겹다. 정자 주인 김윤제의 수제자이자 손서(孫壻)인 정철은 여기서 10여 년간 유숙(留宿)하며 열심히 학문에 전념하여 벼슬길에 올랐으며, 가사문학의 대가가 되었다. 이런 사연을 담은 향을 날리니 그 향에 취했다.(2012. 4. 15)

▲▲ 난을 그리면서 난의 덕을 생각하는 것은 그의 품위가 높아 고고한 선비에 비유됨을 알기 때문이다.(1999. 3. 5)

香氣之德
—향기의 덕—

雨雪剛柔守　青心自彊耕
格姿淸世態　香德穰人晶

눈비는 강유(剛柔)로 지키며,
푸른 마음 스스로 가꾸었네.
품위는 세태(世態)속에 맑으니,
향기의 덕은 밝음을 더하네.

詠蘆花
—갈대꽃을 노래함—

碧風吹褐葉　肩舞産天聲
歲楚虛平野　悲歌裏忘行

맑은 바람 갈잎에서 일어나니,
어깨춤 추며 태고함성 울리네.
세월의 아픔에도 텅 빈 들에 서서,
슬픈 노래 속에 떠남을 잊었네.

▲ 어려운 환경에서도 꽃을 피운 난이 애처롭다. 생존을 위한 수단이겠지만 맑은 향과 고고한 품위는 군자의 정신과 닮았다.(2003. 8. 28)

▲▲ 산에는 억새, 강가에는 갈대꽃이 만발했다. 이렇게 한 해가 또 저물어 간다.(2002. 10. 30)

歲寒高竹

—추위 속 고절의 대나무—

寒風吹裸木　淸氣起篁中
綠節虛心直　剛姿雪季崇

찬바람이 앙상한 가지에 불어오니,
맑은 기운 대숲에서 이네.
푸른 절개 빈 마음속에 곧으니,
굳센 자태 세한에 더욱 숭고하네.

冬竹

—겨울 대나무—

沍霜篁葉綠加淸　滿竹微風出玉聲
長幹裏空天聳立　直剛高節毋塵晶

서리 맞은 댓잎이 푸름에 맑음 더하니,
대나무들 미풍에 옥 소리 내는구나.
긴 줄기 비운 마음 하늘 향해 세웠으니,
강직하고 고절(高節)하니 세진 없이 맑구나.

▲ 올해는 대나무를 그려 출품하기로 정했다. 대나무의 속성을 표현하기 위해 지은 몇 수 중 한 수 이다. 짓고 쓰고 그리기를 계속하면 뭔가 이루어지겠지…(2003. 2. 20)

▲▲ 화지산 대밭도 봄을 기다린다. 올록볼록 새 생명, 탄생을 위한 산고(産苦)를 더하는 때 그 푸른빛이 더욱 눈이 부시다. 한줄기 스치는 바람에 댓잎이 운다. 오늘은 더욱 맑게 들린다.(2003. 2. 25)

歲寒不改容

—추위에도 얼굴을 바꾸지 않는다—

寒風吹體納　高格守靑身
四節剛常綠　剛岩似態神

한 겨울 찬바람이 몸에서 일어나도,
고고한 자태를 바꾸지 않는구나.
사계절 변치 않는 푸름은,
바위와 태신(態神) *이 닮았네.

野生草

—야생초—

美節華聲好　江山去歲眞
樹林開自樂　花發馥天賓

아름다운 계절 꽃피는 소리가 좋은 것은,
세월이 흘러도 변함없는 강산이 있음이네.
수림에 피어 스스로 즐거우니,
꽃에서 풍기는 향은 하늘의 것이네.

---

* 형태와 정신.

▲ 우연히 대밭을 지나다 추위에도 그 모습을 바꾸지 않는 댓잎의 맑은 웃음소리가 어쩌면 억겁 함묵(緘默)의 바위와 닮은 점이 있는 것 같아 몇 자 맞추어 그림을 그리고자 하였다.(2007. 2. 13)

▲▲ 생명의 계절 봄이다. 제비꽃은 제비꽃으로 피면된다. 그것이 제비꽃이기 때문에 아름답다. 이것은 사람이 키운 것이 아니라 하늘이 키운 것이다. 그래서 하늘의 향이 난다. 서화도 마찬가지가 아닐까?(2008. 5. 1)

芒莖

—억새—

白莖搖淸颸　銀舞起秋輝

素朴花心客　浮生碧皥飛

갈바람이 하얀 줄기 낭창낭창하게 흔드니,
은빛 군무가 완연한 추색(秋色)위에 이는구나.
소박한 화심(花心)이 나그네 되니,
덧없는 삶은 푸른 하늘 떠도네.

友岩碧松

—바위를 벗하는 푸른 소나무—

絶崖根著自然生　久歲苦超態壯貞
寒氣裸山松獨聳　億年岩默識高淸

절애에 뿌리내려 스스로 살아온,
세월 속 애락(哀樂)넘어 곧은 모습 장중하네.
추위에 온 산 잎이 지는데 솔은 홀로 우뚝하니,
억년 함묵 바위는 높은 뜻을 알리라.

▴ 갈대의 울음은 어째 서글픔이 앞선다. 억새도 비슷한 느낌이다. 만개(滿開)한 억새꽃이 하염없이 날린다.(2003. 10. 26)

▴▴ 금정산을 금강원 길을 통해 오르다 보면 8부 능선에 넓은 바위 쉼터가 나온다. 이곳은 바위가 멋질 뿐만 아니라 바위를 벗하며 자라고 있는 소나무가 등산객을 반긴다. 그 모습을 보면 "날이 차가워진 다음에야 소나무 잣나무가 늦게 시듦을 안다[歲寒然後 知松栢之後凋也(논어 자한편)]"라는 논어 구절이 떠오른다.(2003. 12. 4)

竹防簾
―죽방염―

海峽垂簾布　潮流捕獲魚
竹防來水待　一鳥睡舒梳

해협에 대발을 넓게 펼쳐서,
조수의 흐름으로 고기를 잡네.
죽방은 물의 흐름 기다리는데,
새 한 마리 대 빗에서 졸고 있구나.

風蘭
―풍란―

海蝕奇岩潔着根　無塵雨露葉成敦
薰風似雪花飛馥　失路漁夫案者坤

해식의 기암에 깨끗한 뿌리 서려두고,
청정한 우로(雨露)받아 도타운 잎 키웠네.
훈풍에 하얀 꽃 피워 향기를 풍기니,
뱃길 잃은 어부의 길잡이가 되었네.

▲ 남해를 관광하고 돌아오면서 죽방렴을 확실하게 볼 수 있었다. 남해 지족해협에 23통이 남아 있다고 한다. 설령 이것이 비효율적인 어로법이라도 지켜야 할 것이다. 이것만 그러할까?(2004. 8. 9)

▲▲ 2005년 8월 19일부터 21일까지 홍도와 흑산도를 다녀왔다. 먼저 들린 생태관에서 홍도 풍란을 보고 지었다.

詠葡萄(1)
—포도를 읊음(1)—

秋深充蟋蟀　葉裏熟多珍
玉顆新鮮露　支巢食得身

가을이라 귀뚜라미 소리 충만하니,
잎 속의 보배들이 탐스럽게 익어가네.
옥과(玉顆)가 이슬 속에 더욱 신선하니,
지소씨(支巢*氏)가 먹고 힘을 얻었다네.

詠葡萄(2)
—포도를 읊음(2)—

秋風吹蟋蟀　引蔓舞龍鬚
葉裏葡成果　誰知美箇珠

가을바람에 귀뚜라미 울어대니,
포도덩굴 끝의 용수[龍鬚**]가 춤춘다.
잎 속에서 익어가는 포도(葡萄)송이들,
누가 이 아름다운 구슬을 알아주리오.

---

* 설화에 의하면 마고성(麻古城)에서 지유(地乳)를 먹고 살던 지소씨(支巢氏)가 처음으로 포도의 맛을 보고 취하여 부른 노래가 '포도가(葡萄歌)'라고 한다.

** 임금님의 수염이라는 뜻으로 여기서는 포도의 뻗어가는 연한 순을 의미한다.

▲ 포도 그림을 그리다가 관련한 화론을 한편 썼다. 관련 작품을 그리고 화제를 해야 하지만 시가 없어 작품을 하지 못하고 있었는데 다행히 이 가을에 지었다.(2006. 10. 15)

▲▲ 몇 년 전에 포도에 관한 시를 한 수 지었는데, 또 한 수를 더하니 한 수씩 불어난다. 그림을 그리고 나서 화제를 지어 써야 진정한 '문인화'라고 말할 수 있을 것이다.(2009. 9. 20)

霜菊(1)

―서리속의 국화―

地氣寒離葉　衰陽節士悲
歲流哀不我　霜菊笑閑怡

땅기운 차가워지니 잎들 하나 둘 떠나고,
양기가 쇠하니 선비가 슬퍼지는 계절이네.
흐르는 세월 아쉬워함은 나뿐이 아니나,
오상고절 국화는 한가하게 웃는구나.

詠寒菊

―한국(寒菊)을 읊음―

屈原餐菊慟哀非　是育陶潛道境歸
日冷開花依託自　風流超越士神輝

굴원이 국(菊)을 씹으며 비통해 하지 않았고,
도잠은 이를 키우며 도경(道境)에 들었네.
추위 속 핀 꽃에 자신을 의탁(依託)하였으니,
풍류(風流)를 초월(超越)해 선비정신 빛나네.

▲ 2005년도 가을로 접어들었다. 운동장 잎들이 지난 비에 다 떨어지고 가지 끝을 지키는 것은 까치집뿐이다. 이 계절에 그대는 어이 꽃을 피웠는가? 그대만이 날 위로하는구나.(2005. 10. 30)

▲▲ 굴원(屈原)은 이소(離騷)에서 "아침엔 떨어지는 목란의 이슬을, 저녁엔 국화꽃 씹으며 지내옵네[朝飮木蘭之墜露兮, 夕餐秋菊之落英.]"라고 하여 국화꽃을 씹어도 배고픈 것쯤은 서럽지 않다고 하였으며, 도잠(陶潛)은 음주시에서 국화에 자신을 의탁하였다. 이렇게 선비들이 국화를 좋아했으니 국화가 선비를 상징하게 되었다.(2008. 10. 29)

傲霜孤節
—서릿발에도 굴하지 않는 곧은 절개 —

季節歸楓葉　枝端見鵲巢
濃霜開麗菊　香氣士神專

계절의 기운이 물든 잎 버리니,
가지 끝 까치집 홀연히 드러났네.
된서리에 국화는 고운 꽃 피웠으니,
향기는 오로지 선비의 정신이네.

霜菊(2)
—서리속의 국화—

染葉生新氣　霜天菊色鮮
凊風香滿世　淸夜豈言仙

잎들의 변신에 새 기운 돋아나니,
서리 내린 하늘가에 국화색이 곱구나.
찬바람에 향기가 세상 가득하니,
맑은 이 밤 어찌 신선을 말하리.

▲ 2009년도 가을로 접어들었다. 운동장 잎들이 지난 비에 다 떨어지고, 가지 끝에 매달린 것은 까치집뿐이다. 이때 핀 국화가 오상고절(傲霜孤節)이니 선비의 정신이고 혼이다.(2009. 10. 29)

▲▲ 국향이 세상을 덮고 있다. 선비의 정신이라는 국화의 아름다움을 함께하는데 어찌 신선을 말할 수 있을까?(2009. 10. 31)

詠石榴
—석류를 노래하다—

染絳誰身色　豊珠裂臆輝
小囊容喜笑　錯認蝶蜂飛

누가 몸을 진홍으로 물들였나,
빠개 젖힌 가슴에 옥주들이 빛나네.
소낭의 얼굴마다 희색이 만연하니,
꽃인 줄 알고 벌 나비 날아드네.

石榴
—석류—

啐啄開胸笑　明珠顆顆暉
人收無歲熟　長影友爲依

졸탁(啐啄)*으로 가슴 열고 머금은 미소,
알알이 옥구슬 되어 빛나네.
세월이 깊어도 거둘 이 없으니,
긴 그림자를 벗하네.

---

* 啐은 달걀이 부화하려 할 때 알 속에서 나는 소리, 啄은 어미닭이 그 소리를 듣고 바로 껍질을 쪼아 깨뜨리는 것.

▲ 2005년 11월 20일.

▲▲ 석류를 그리다가 문뜩 왕안석의 홍일점이 생각났다. 그리고 조운 시인의 석류, 명대 서위의 석류그림과 제시가 생각나서 지었다.(2009. 11. 20)

夜燈下開冬柏
─가로등 아래 핀 동백─

綠葉間脣赤　寒風耐美裝
端妖姿衒獨　熱臆似西光

잎 속으로 내민 붉은 입술,
한풍 속에 곱게 단장 했네.
단요한 자태는 홀로 빼어나니,
식지 않은 중년의 가슴 같구나.

忽見凌霄花
─문득 능소화를 보고─

待心爲戀染紅元　秀色炎天蔑氣敦
萎態厭彰花體落　哀然恨愛赤靈魂

기다림이 그리움 되어 황홍(黃紅)으로 물들어 으뜸이니,
수색(秀色)은 염천(炎天)을 능멸(凌蔑)함이 도탑네.
시든 모습 보이기 싫어 송이 째 떠나나니,
한(恨) 많은 사랑의 붉은 영혼이네.

▲ 친구들과 술 한 잔하고 집에 돌아오는 길에도 여흥(餘興)이 가시지 않는다. 아파트 벤치에 앉아 화단을 보니 불빛 아래 동백(冬柏)이 빨간 꽃망울을 터트렸다. 추위 속에 핀 꽃이 세파를 헤치는 중년의 가슴과 닮았다.(2007. 2. 2)

▲▲ 2007년 능소화를 그리다가 그 꽃에 대한 내력을 찾아보니 재미있는 이야기들이 많이 숨어있었다. 특히 안동 아파트 공사장 분묘(墳墓)에서 발굴된 저승길 떠나는 남편을 위해 쓴 '원이 엄마'의 편지와 이것을 소재로 한 조두진의 소설 '능소화'가 꽃송이 채 떨어지는 애잔함을 그렸다.(2007. 7. 24)

詠岩
—바위를 읊음—

葉鳥梭來往　風雲亦運行
陰陽回四季　明暗疊消蒼
雨露無顔色　寒風不改平
胎生連億劫　含默只岩貞

푸른 잎 새들은 베틀 위 북처럼 오가고,
흘러가는 풍운도 또한 그러하다.
음양은 사시사철 돌고 도니,
명암에 피고 지기를 거듭하네.
우로에 모습 바꾸지 않고,
한풍에도 평상심 잃지 않으며.
태생으로 만세를 사는 것은,
오직 함묵의 바위뿐이네.

▲ 즐거움도 슬픔도 사랑도 미움도 아픔도 생의 한 부분이다. 어느 것이 더 크게 지배하는가에 따라 느낌이 다를 뿐이다. 희로애락에도 함묵하는 바위와 같은 삶을 살아야 할 것 같다.(2009. 2. 7)

水仙花(1)

―수선화(1)―

含戀佳來美水仙　哀心不結匿時連
情人弗忘春風與　惜恨相思際朶鮮

그리움 머금고 곱게 온 아름다운 수선,
맺지 못한 슬픔은 세월 속에 숨었네.
정인을 잊지 못해 봄바람과 왔으니,
안타까운 사랑을 고운 꽃에서 만나네.

水仙花(2) *

―수선화(2)―

陵波神女踏雲來　含笑珠顔忘食哉
詩學禮脩傾美積　秀瑕爲戀水仙開

물결의 운무(雲霧) 밟고 다가선 신녀,
미소 띤 옥안(玉顔)은 식사를 잊게 했네.
시배우고 예(禮)를 닦아 경국미(傾國美) 쌓았더니,
빼어남이 허물된 그리움은 수선으로 피었네.

---

* 자기 모습에 취해 얼굴이 비친 자리를 떠나지 못하고 죽은 곳에 피어났다는 슬픈 전설을 가진 꽃이 수선화이다. 추사 김정희가 좋아했으며, 정호승도 시의 제목을 '수선화에게'로 정할 정도였다. 이른 봄 학교 화단에 슬픈 전설을 안고 제일 먼저 피어 언 가슴을 녹여주는 꽃이기도 하다.

▲ 꽃의 숭고함은 낙화에 있다. 떠나야 사는 것, 떠나야 아름다운 것을 어떻게 잡을 수 있겠는가. 꽃만 그러할까? 조식은 '낙신부(洛神賦)'에서 능파선자와 헤어지고 발걸음이 떨어지지 않음을 다음과 같이 표현하였다. "攬騑轡以抗策 悵盤桓而不能去 ; 말고삐 잡아 채찍은 들었으나 그 마음 서운하여 돌아서지 못하네."(2010. 3. 10.)

▲▲ 조식의 낙신부를 그린 고개지의 '낙신부도'를 보면 조식이 사랑했던 여인 '견일녀(甄逸女)'의 모습이 잘 묘사되어 있다. 조식의 낙신부 중 "능파미보 나말생진(陵波微步 羅襪生塵) 물결을 밟아 사뿐히 걸으니 버선 끝에 먼지가 일다"를 송대 황정견이 '수선화' 시에 인용하면서 '능파선자(陵波仙子)'가 수선화의 별칭이 되었다.(2010. 3. 26)

寒中水仙花

—추위 속의 수선화—

雪嘆新芽告肇春　幽澹美雋出花身
堂堂冷氣無顔散　朶朶神怡對貴賓

잔설의 탄식 속에 신아(新芽)가 봄소식 전하니,
어느덧 그윽하고 빼어난 꽃 피웠네.
냉기에도 그 모습 흐트러지지 않으니,
송이마다 밝은 모습 귀인을 대하는 듯하네.

落水仙花

—지는 수선화—

尙早開花樂水仙　姸憐秀象幾長連
佳來定別無防禦　毋惜離花但順緣

이른 계절 꽃피어 봄을 즐기는 수선화,
가련한 듯 빼어난 꽃 얼마나 갈 것인가.
오는 것은 정리(定離)하니 막을 수 없는 것,
꽃 진다 서러워마라! 천리를 따를 뿐이네.

▲ 2010년 3월 11일 빗속의 수선화를 보고
▲▲ 2011년 3월 20일

詠木蓮
—목련을 노래하다—

裏骨深攸美麗鮮　暖風衿解抒胸姸
佳肌嘆雪開先楚　似玉崇高出産専

뼈 속 깊이 숨겨둔 맑고 고운 아름다움,
춘풍에 옷고름 풀고 고운 가슴 펼쳤네.
잔설 속 고운 살결 먼저 내민 아픔은,
백옥 같은 숭고함 출산하기 위함이네.

忽見木蓮
—문득 목련을 보고—

似筆端粧含笑姿　春風脫衫闢佳肌
芳情赤臆幾多積　筆者精神奪去爲

양호(羊毫)처럼 단장하고 미소 띤 자태,
춘풍에 적삼 풀고 고운 살결 내밀었네.
가슴에 꽃다운 정 얼마나 많았으면,
붓 삽은 이의 정신을 빼앗아 버리네.

▲ 목련 봉우리가 찬바람에 안쓰럽다. 그러나 아픔을 극복하지 못하는 아름다움은 진정한 아름다움이라 할 수 없을 것이다. 추위가 심할수록 찾아올 가객은 더욱 아름다울 것이다.(2003. 3. 3)

▲▲ 소담스러운 꽃봉오리 내밀더니 어느덧 완전히 개화했다. 무슨 그리움이 그렇게 많을까? 가슴 풀고 푸른 하늘 향한 아우성이 가지를 울린다.(2010. 4. 2)

東湖亭
—동호정—

碧葉遊川水益藍　自然多所不過貪
於亭酌酒何言世　目睹風光萬勝談

푸른 잎 강에 노니 물 더욱 쪽빛이고,
자연은 많이 지니지만 탐(貪)하는 것이 아니네.
정자에서 주고받는 술잔에 어찌 세상말인가,
눈앞의 풍광 담은 승경담(勝景談)도 많은데…

〈동호정〉

▲ 화림계곡을 걷고 난 후 풍광이 좋은 동호정에 앉아 술 한 잔 나누면서 느낀 점을 정리하였다. 정자를 받치는 아래쪽 기둥들은 나무의 형태를 그대로 살려서 지었기 때문에 자연미가 살아 있고, 통나무를 깎아 만든 가파른 계단을 걸어 정자에 오르면 풍광이 한 눈에 들어온다. 그 중 압권은 너럭바위이다. 동호정은 화림동 계곡 8담 8정 중에서 가장 크고 아름답다. 남명선생 시를 읽고 차운하여 지었다.(2012. 5. 7)

書畵의 世界를 遊泳하며

難得藝道
—예술의 도를 얻기 어렵네—

墨香遊戱入毫城　久歲修練藝不成
沈足掃除猶溺愛　一書難得筆磨生

묵향이 좋아 서예에 입문하여,
오랜 시간 수련에도 예도는 멀리 있네.
빠진 다리 빼려 해도 오히려 빠져들어,
일서(一書) 얻기 어려우니 평생을 갈아야지.

自然爲師得象盡意
—자연을 스승삼아 상을 얻어 의를 다함—

自然形象得緣情　內在神融美麗耕
靈氣載毫書竭力　虎飛龍躍作品成

자연의 형상에서 인연의 정을 얻어,
내재한 정신과 교융(交融)하여 아름답게 가꾸어.
영기(靈氣)를 붓 끝에 실어 있는 힘을 다해 써야,
기세 비동하는 작품을 만들 수 있으리라.

▲ 이상과 현실의 괴리 속에 오늘도 아파한다.(2003. 11. 15.)

▲▲ 3학년 7차 교육과정 '수능모의고사일'이다. 수시모집 때문인지 몰라도 시험지를 받자마자 별 관심 없는 듯 잠이 든 학생들이 대부분이다. 달리 조치를 취할 방법도 없고 해서 멍청하게 있다 몇 자 적었다.(2004. 6. 2)

第二十會國際蘭亭筆會釜山展
―제24회 국제난정필회 부산전―

海洋佳景釜山都　墨境超凡傑作俱
書氣藝香揮世地　感痕餘象燦然珠

해양이 아름다운 부산의 도심에서,
묵경을 초월한 걸작들이 모였네.
서의 기 예의 향 누리에 뿌렸으니,
감상의 여상(餘象)들은 옥처럼 찬연하리.

農山先生書藝術講義素懷
―농산 선생님 서예술 강의 소회―

十三年疊釜山來　學德基盤藝術開
師表大敎餘弟子　刻心崇意反芻培

십 삼년 오랜 시간 부산에 오시어,
학문과 덕으로 예술의 길 여셨네.
사표(師表)로서 큰 가르침 제자에게 남겼으니,
새겨진 높은 뜻 반추하며 키우리.

▲ 한국난정필회가 주최하고 부경서학회가 주관한 '제20회 국제난정필회 부산전'이 2004년(갑신년) 8월 28일부터 9월 1일까지 부산문화회관에서 열렸다. 작품 전시 외에 여러 행사가 열려 눈길을 끌었으며, 작품전시는 국내외 작가 568명이 참여하여 성황을 이루었다. 이때 지어 두었다가 2009년 11월 21일(토)부터 11월 26일(목)까지 열린 제26회 국제난정필회 인천전에 초서로 출품했다.

▲▲ 13년간 강의해 오신 농산 선생님께서 고별강의를 하셨다. 가르치는 선생님이나 배우는 사람들이 어찌 유감이 없을까?(2004. 11. 24)

吟春日書寫
—봄 날 글을 쓰다 읊음—

杜香旋律岳春裝　隱鳥哀吟出憶藏
南暖女開充愛發　西丹男慽起憧多
情懷節氣來運易　喜慽陰陽順變行
美季深然孤執筆　花知不識壹香揚

두견화향 선율에 산은 봄으로 단장하고,
새들이 애잔하게 노래하니 옛 생각 나네.
봄날은 여심(女心)이 피어 사랑이 충만하고,
가을[西丹*]은 남심(男心)이 슬퍼 그리움 이네.
정회는 절기의 운행에 따른 것이고,
희비는 음양의 변화에 따라 오는 것이네.
깊어가는 가춘(佳春) 홀로 붓 잡은 외로움을,
꽃들은 아는지 모르는지 오로지 향기만 날리네.

---

* 가을은 오행(五行)으로는 금(金), 오방(五方)으로는 서(西), 오음(五音)으로는 상(商), 오색(五色)으로는 백(白)에 해당함.

▲ 봄이 깊어가고 있다. 회남자에 "春女思 秋士悲"라고 하였는데, 화사하게 피어난 꽃들을 보면 사랑이 많아질 것 같다는 생각이 든다.(2010. 4. 9)

吟夏日書寫
―여름 날 글을 쓰다 읊음―

盜賊偸心失　蟬游唱意忘
伏中諸氣滯　先謂五乖章

도적의 도심마저 빼앗아 가니,
매미들 노래하는 것도 잊었네.
복 중에 모든 기운 막혔으니,
선인들이 말한 오괴(五乖)*가 이것이구나.

忽見秋史作品
―문득 추사선생 작품을 보다가―

畵法長江似壯雄　孤松一筆士神崇
淸敎藝論彬今世　後學隨生鑑上嵩

화법이 장강(長江) 같아야 웅혼한 그림 낫고,
고송(孤松)의 일지필은 선비의 정신이네.
가르침과 서화론은 금세에도 빛나니,
따르는 후학들의 깊고 높은 귀감이네.

---

* 孫過庭은 『書譜』에서 글이 잘되는 다섯 가지인 오합과 잘되지 않는 다섯 가지 오괴를 들었다. '五合'은 "神怡務閑一合也. 惠徇絢知二合也. 時和氣潤三合也. 紙墨相發四合也. 偶然欲書五合也"이고, 五乖는 "心遽體留一乖也. 意違勢屈二乖也. 風燥日炎三乖也. 紙墨不稱四乖也. 情怠手闌五乖也"이다.

▲ 날씨가 더워 붓 잡는 것도 어려우니 글씨가 잘 될 리가 없다. 땀방울이 맺혀 화선지에 떨어지는 소리가 경쾌하다.(2004. 7. 30)

▲▲ 많이 소개된 추사의 예서 작품 "畵法有長江萬里, 화법은 장강 만리(萬里)에 있고/ 書藝如孤松一枝 서예는 오래된 고송의 한 가지와 같다"를 보다가 그 속에 담긴 내용이 심오하여 그 느낌을 적었다.(2009. 12. 21)

題松齋春山圖
—송재 선생 춘산도에 부쳐—

葉氣山重縹有無　碧江津水睡舟孤
詩歌畵幅非人論　樹下草堂獨酒乎

봄 산은 굽이굽이 보일 듯 말 듯하고,
푸른 강 포구에 나룻배는 졸고 있네.
화폭에 담긴 노래 논할 이 없으니,
나무 밑 초당에서 홀로 술잔 따르네.

藝道至難
—예술의 길은 지난하다—

筆墨佳香魅了深　先人法帖不成尋
分腸變化加修練　太古淸香索藝心

필묵의 가향에 깊숙이 매료(魅了)되어,
선인들 법첩 따라 찾아도 성과가 없네.
단장(斷腸)하는 변화와 수많은 수련이 더해져야,
태고청향의 예심을 찾을 수 있을 것이네.

▲ 내가 소장하고 있는 산수화 중 '송재(松齋)'라는 분이 그린 작품이 있다. 보면 볼수록 정감이 가는 그림이다. 춘경을 그린 것인데, 그림 속 초당(草堂)에 앉아 술이나 한잔했으면 좋겠다는 생각에서 홀로 술잔 들었네.(2009. 12. 27)

▲▲ 자기의 예술세계를 개척한다는 것이 얼마나 어려운 일인가? 그렇다고 중도 포기할 수도 없는 것, 수련만이 그 길을 찾을 수 있을 것이다.(2010. 1. 21)

莫見井天
—우물에서 하늘 보지 마라—

日月無明晝夜全　何知朝菌朔望然
雖怡入藝修心不　筆事深淵見井天

해와 달은 주야를 모두 비추지 못하듯이*,
조균이 어떻게 삭망을 알겠는가.**
입예(入藝)의 기쁨이 있어도 수심하지 않으면,
붓질이 깊어도 우물에서 하늘 볼 뿐이다.

昔湖先生自作詩行草作品有感
—석호선생 자작시 행초작품 유감—

古典書家涉獵磨　手心相應筆調和
縱橫氣勢如飛虎　藝性毫端出寫歌

고전의 서가들을 연마하고 닦았으니,
심수상응(心手相應)한 용필***이 조화를 이루었네.
종횡한 기세는 호랑이가 치닫는 듯,
내밀한 예술성이 붓끝에서 분출했네.

---

* 회남자에 나오는 고사.
** 장자에 나오는 고사.
*** 서예는 형식미를 빌어 정감을 표현하는 예술이다. 형식미를 결정짓는 요소는 용필(用筆), 결구(結構), 장법(章法) 등 다양하다. 옛 서가들은 "서법은 용필을 으뜸으로 삼는다[書法以用筆爲上]"라고 한 것에서 보듯이 용필을 중시했음은 여러 곳에서 찾을 수 있다.
▲ 예술이든 학문이든 안목이 중요하다. 해가 주야를 다 비추지 못하고, 조균이 회삭(晦朔)을 어떻게 알겠는가? 많이 읽고 그리고 많이 써라.(2010. 1. 26.)
▲▲ 석호선생님 자작시(自作詩) 작품을 보고…(2010. 2. 11)

金井山梵魚寺青龍巖詩石刻
—금정산 범어사 청룡암시 석각—

山中寺氣鑠嚴冬　谷籟檐鈴啜歇重
幹葉風雲何自老　毅剛松竹若蒼農
今人弗古思惟異　本質追求似感胸
談笑作詩無上士　先書石刻起香濃

산중의 사찰 기운은 엄동을 녹이고,
골바람에 첨령(檐鈴)*은 울다 쉬기를 거듭하네.
나뭇잎에 맴도는 풍운은 늙음이 없듯이,
곧은 의지 송죽의 푸름도 그러하다.
고금(古今)인이 다르니 생각도 다르나,
본질을 추구하여 느끼는 것은 같으니.
담소하며 시를 짓던 상사인(上士**人)은 갔지만,
석각에서 풍기는 선인들의 향기가 깊구나.

〈범어사 경내 바위에 새긴 동악 이안눌의 시〉

---

* 풍경(風磬)의 다른 말. 처마 밑에 달려 방울소리 울리므로 첨령(檐鈴)이라함.
** 上은 上人으로 스님 혜정장로를 말하고, 士는 선비로 동악 이안눌을 말함.
▲ 해운대 해수욕장 한켠에 서있는 동악 이안눌 시비를 촬영 하러 갔다가 그의 시가 해운대뿐만 아니라 범어사에도 석각 되어 있음을 알고 답사 갔다 오는 길에 생각난 것을 정리했다. 동악 이안눌은 이 시 외에 "四月十五日"이라는 시가 있는데, 임진왜란 후의 비참한 동래의 상황을 알 수 있는 사료적 가치를 지닌 시이다.(2010. 1. 30)

難得書畫道
—서화도의 길을 얻기 어렵네—

素節排炎似落花　愛心書畵溺冬家
殘炡盆斫融氷地　誕命春信有處遐

가을빛에 염천(炎天)은 낙화처럼 떠나는데,
서화 사랑하는 마음은 동토(凍土)속에 빠져있네.
잉걸불에 장작 넣고 언 땅 녹이지만,
새싹 돋는 봄소식은 아직도 멀리 있네.

題靑川山水畫
—청천선생 산수화에 부쳐—

視松背岳綠於山　粹朴如孩谷水灣
煙氣聳天何處屋　稀微石逕似昏顔

눈앞의 소나무는 먼 산 등지니 산보다 푸르고,
해맑은 아이 같은 계곡물은 굽이굽이 흐르네.
밥 짓는 연기 하늘 오르는데 인가는 어디에 있는가,
희미한 시골길은 어스름한 황혼과 같구나.

▲ 2010년 제11회 '동정수묵회원전'에 출품할 작품을 구상하고 제작하면서 자신이 참 한심하다는 생각과 어려움이 있어서 생각을 적었다.(2010. 6. 21)

▲▲ 청천화백이 그린 산수화 1점을 소장하고 있다. 그림을 보고 있다가 우연히 그림 속으로 들어갔다. 돌길을 지나 인가가 있기는 한 것 같은데 잘 보이지 않는다. 그것은 새벽녘이라 그런가 아니면 황혼녘이라 그랬을까? 마치 나의 길과 같다는 생각이 들었다.(2012. 1. 20)

書樂
—서예를 하는 즐거움—

書遊於異樂　毫跡事諸殘
感變通文字　思惟載筆歡

글 쓰는 것이 다른 즐거움보다 나은 것은,
호적(毫跡)에 모든 것이 남는 것이네.
정감의 변화 문자를 통하니,
사유(思惟) 실은 필(筆)이 기뻐하는구나.

書寫之樂
—글 쓰는 즐거움—

筆端思載願天然　意臆毫中弗手遷
竅硯不能先墨迹　我勞鴻爪自娛連

필단에 생각 실은 천의무봉(天衣無縫) 원하지만,
가슴의 뜻 호중(毫中)에 있으나 손이 움직이지 않네.
벼루에 구멍 나도 선인 묵적 될 수 없어,
나의 노력 설니홍조(雪泥鴻爪)*라도 즐김을 이어가리.

---

* 송나라 때 소식이 아우 소철에게 화답한 시에 나오는 구절로, 인생이란 "應似飛鴻踏雪泥, 기러기가 눈 진흙을 밟는 것과 흡사하네."라고 읊은 데서 유래하였다. 눈 위에 새 발자국이라도 스스로 즐길 수 있다면 좋은 것이 아닐까.

▲ 서예가 가지는 묘미는 말로 다할 수 없다. 다만 이것을 느낄 때 까지 시간이 많이 걸린다는 점이다. 그리고 정보화 사회는 쓰는 문화에서 찍고 두드리는 문화로 바뀌고 있는 점이 서예가 대중에서 멀어지는 이유가 아닐까?(2012. 1. 30)

▲▲ 2012년 2월 15일

文人畵所見

—문인화 소견—

淵明好酒道其存　李達詩中本匿魂
融合景情探意境　文人之畵似然繁

연명(淵明)*은 호주(好酒)하니 도(道)가 그것에 있고,
이달(李達)**의 시(詩)에는 본을 숨기면서 혼이 드러났네.
시는 정경(情景)이 융합하여 의경(意境)을 찾아야하니,
문인(文人)의 그림도 이 같아야 하리.

題畵

—그림에 부쳐—

遠山雲煖感　山綠滯時遲
杖老何行處　林川酒幕逵

먼 산의 아늑한 구름 따뜻함을 주고,
푸른 산 가로막으니 시간이 더디구나.
지팡이 든 노인 어디로 가는 것일까,
숲을 지나 개울가에 주막이 있는가보네.

---

* 陶淵明. 도연명의 음주시 5수에 "采菊東籬下 悠然見南山"라는 구절이 있어 무아지경(無我之境)의 대표적인 예이다.

* * 조선 중기 시인. 그의 시 '화학(畵鶴)'에서 정경교융(情景交融), 무아지경의 예를 찾을 수 있다.

▲ 문인화는 객관물상을 통하여 작가의 심의를 그리는 그림이다. 이것은 작가의 정과 객관물상의 경이 구분되지 않으면서 조화를 이루어 새로운 의경을 창조하는 것이라는 의미이다.(2012. 2. 17)

▲▲ '論語 雍也'에 "智者樂水 仁者樂山 智者動 仁者靜 智者樂 仁者壽"라고 공자는 말했다. "지자는 樂水하고, 인자는 樂山한다."고 했으니 산을 찾는 노인은 仁者일 것이다. 윤재 산수화를 보다가…(2012. 2. 7)

筆迹

—필의 흔적—

書言不盡意傳施　想記生痕筆迹隨
毫作藝心形象寫　文章墨跡久人遺

서(書)와 말로 뜻을 모두 다 전하지 못한다 하지만,
생각의 기록, 삶은 흔적은 필적(筆迹)에 따랐네.
붓의 운용은 예심(藝心)을 형상(形象)화 하는 것이니,
문장(文章)과 묵적(墨跡)은 오래토록 그 사람을 남기네.

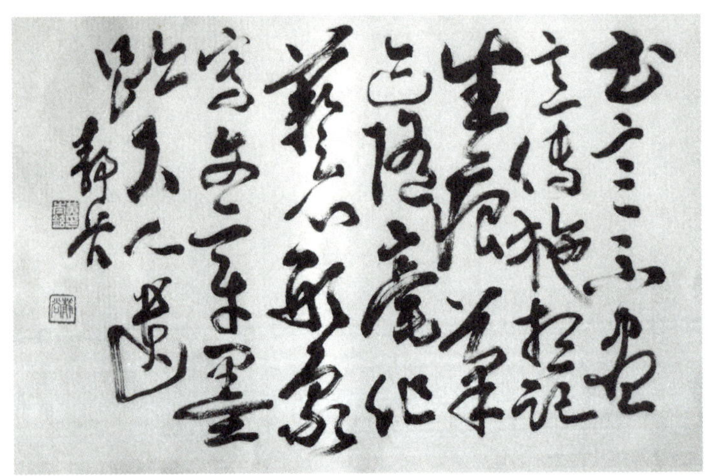

▲ 성인들은 언부진의(言不盡意)라고 하여 언어는 뜻을 다 전하지 못한다고 하였다. 하지만 의사를 전하는데 언어를, 먼 곳에 소식을 전하는 데는 서(書)만한 것이 없다. 특히 서(書)는 인간의 심의(心意)를 서사(書寫)하게 되므로 서자(書者)를 표현하게 되고, 또 오래토록 존재하게 된다. 그래서 양웅은 서를 마음의 그림－심화(心畵)－이라고 하였을까?(2012. 2. 8)

가까운 情, 먼 그리움

新千年有感
—새 천년의 느낌—

到來千載共歡呼　但順流暉晝夜輸
時變隷乘無實事　現生眞摯責霜鬚

새로운 천년이라 뭇사람 환호지만,
다만 순행하는 세월의 흐름[流暉*]일 뿐이네.
시류에 편승하는 행보는 헛된 일이니,
현생의 진지함이 세월에 책임지는 것이네.

願祖國統一
—원조국통일—

槿域江山億劫佳　國分流歲積傷懷
空心撤壁開來往　聚氣迎千亨樂偕

삼천리(三千里) 금수강산 억겁에 아름답고,
잘린 국토 세월 속에 품은 아픔 더하네.
마음 비워 벽을 걷어내고 왕래의 길 열어,
민족의 정기 모아 새천년 함께하세.

---

* 흘러가는 세월

▲ 새천년을 여는 초하루이다. 두 천년(千年)을 걸쳐서 살게 되어 행운(幸運)이다. 어떻게 살아야 할까?(2000. 1. 1)

▲▲ 복잡한 국제정세 속에 우리가 살아가야 길을 아는 사람은 다 안다. 아니 국민들은 조국의 장래가 어떻게 되어야 한다는 것은 다 알고 있다.(2000. 6. 25)

獨島
—독도—

憶劫孤悲自慰安　東端槿域守多難
三峰氣魄邦生動　異族蠻行不接韓

억겁을 홀로 한 아픔 스스로 위안하며,
국토의 동쪽 끝을 어렵게 지키네.
독도삼봉(獨島三峰) 기백(氣魄)이 조국에 생동하니,
이족(異族)의 망동을 허용치 않으리.

登白頭山天文臺
—백두산 천문대에 올라—

胸中感動際當爲　異國經由此處移
孰事奚行那得去　無心日氣雨風吹

가슴 벅찬 이 감동 만나기 위해,
이국을 경유하여 여기까지 왔노라.
무엇을 어떻게 하여 뭘 얻어 갈까,
무심한 하늘은 비바람만 세차더라.

▲ 일본이 다시 독도를 자기 땅이라고 우긴다. 일본 시마네현의 조례제정을 계기로 독도 분쟁이 불거지고, 여기에다 일본교과서 파동이 연이어 터지면서 반일감정을 자극하고 있다. 이에 '한국서예협회'에서는 이런 것을 불식시키기 위해 '독도전'을 열어 한 수 지어 출품했다.(2005. 4. 25)

▲▲ 2007년 8월 12일 엄청난 비바람을 헤치고 백두산 천문대에 올라 천지를 내려다보았다. 안개에 가려 있다 모습을 드러내는 천지는 감동 그 자체였다.

登天池

―백두산 천지에 올라―

峻切靈峰聳海東　連山瑞氣滿蒼空
天池發孕根源育　聖白桓生礎地豊
十六峰神基建國　弘人理念豎高崇
玆雄哲學悲分斷　私欲終焉願族隆

위엄 있는 영봉이 해동에 솟았고,
연봉의 서기(瑞氣)는 창공에 가득하다.
천지는 생명을 잉태하고 키우는 근원,
성역 백두에서 환웅 나니 풍요로운 터전이네.
열여섯 봉 신령함 받아 나라 세우니,
홍익인간 높은 이념 근본 삼았네.
웅장한 철학에도 분단이 슬프니,
사욕을 끝내고 겨레가 융성했으면….

▲ 2007년 8월 12일. 몸을 가누지 못할 정도, 아니 몸이 날아갈 정도의 곡풍 속에 백두산 천지에 손을 담그고 느낀 그 진한 감동을 돌아와서 적었다.

安重根義士殉國百周年有感
—안중근의사 순국 100주년 유감—

韓靑神不屈　求國死臨行
斷指崇高意　民胸不似貞
大思唯一念　靑史燦長生
士犧情尤煜　遺傳墨跡明

대한의 청년지사 불굴의 정신이,
나라를 구하고자 목숨을 던졌네.
단지(斷指)의 숭고하고 높은 뜻은,
사람들은 따를 수 없는 곧음이니.
대의(大義)는 오로지 일념이었으니,
청사(靑史)에 찬란히 살아 숨 쉬네.
의사의 희생정신 더욱 빛나는 것은,
전하는 묵적에서 뚜렷하네.

▴ 2010년 3월 26일은 안중근 의사 순국 100주년이 되는 날이었다. "안중근 의사의 유물(遺物)이 묵적(墨跡) 외는 거의 없다"는 보도가 안타까웠다. 특히 유골(遺骨)을 빨리 찾아 봉안(奉安)했으면 좋겠다.(2010. 3. 26)

欲棄
—버리면 편안하다—

綠葉淸香布穀鳴　大慈施化梵鐘聲
心身自欲充漫惱　覺悟淸風棄泰平

신록의 청향결에 뻐꾹 소리 흐르고,
자비(慈悲)의 종소리 중생을 계도하네.
심신의 부질없는 욕망이 번뇌를 쌓으니,
청풍에 깨달았네! 버리면 편하다고…

秋懷
—가을 심사—

曉霜草衰晩秋周　似霓丹楓亂舞遊
駒隙一年過刹那　落日觀賞赤葉優

효상(曉霜)에 풀 시들어 가을 깊으니,
무지갯빛 고운 단풍 이리저리 날리네.
일 년이 백구과극(白駒過隙)*이라 찰나에 지났으니,
지는 해가 붉은 잎을 물끄러미 바라보누나.

---

* 흰 망아지가 문틈으로 지나가는 시간이라는 뜻으로, 인생과 세월의 덧없고 짧음을 비유한 말.

▲ 무거운 몸을 이끌고 홀로 산에 오르니 뻐꾸기 소리 신록(新綠)사이로 흐르고, 암자의 종소리는 산속에서 은은하다. 부질없는 욕망(慾望)은 스트레스만 쌓인다. 집착하지 말고 버리자 그러면 편안해 질 것이다.(2002. 5. 19. 사월 초파일)

▲▲ 세월(歲月)이 유수(流水)라는 말을 실감하겠네. 푸른 잎이 벌써 붉은 잎으로 물들었으니 또 일 년이 지나가고 있다.(2002. 10. 30)

內松村
—안솔기 마을—

翠松香氣醉風雲　鳥舞蟲歌友與群
根本善良隨攝理　逍遙生活實行云

푸른 솔 맑은 향기에 풍운도 취하고,
자연과 하나 되어 더불어 사는 곳.
근본이 선량하여 섭리에 따르니,
소요하는 생활을 실천하려 함이네.

願閑居
—한가하게 살고 싶네—

赤葉如花鬧市蜂　落秋淸響走鼯胸
開扉接客談相醉　白屋風餐願筆農

단풍잎 꽃 같아 벌들이 넘나들고,
떨어지는 추성(秋聲)에 다람쥐 놀라 뛰는 곳.
사립문 열고 손님 맞아 정담에 취하며,
백옥풍찬(白屋風餐)에도 필묵과 함께하고 싶네.

▲ 2003년 들어 안솔기 마을이 뜬다. 한겨레신문, KBS에 보도되었다. 이곳 사람들은 이것을 어떻게 생각할까? 자연의 순리대로 살아가고자 하는 사람들인데 그대로 두면 좋지 않을까? 안솔기 마을을 두 번 방문하고 보고 느낀 것을 2003년 9월 3일 정리하다.

▲▲ 2003년 11월 1일 토요일 오후 금정산에 올랐다. 한가롭게 놀다 내려오면서 "복잡한 세상(?) 벗어나 조용하게 살고 싶다"는 생각이 들었다.

甲申元旦
—갑신년 새해 아침—

夜去黎明歲首新　霧中雄壯忽然伸
元朝躍動希望聳　翠氣盛開佚樂民

여명은 어둠 쫓아 새해를 밝히니,
안개 속에 웅장함 불현듯 솟아나네.
신년의 힘찬 약동 희망이 솟았으니,
맑은 기운 만발하여 좋은 나날 되었으면…[佚樂] *

夏日初夜燃燈
—초여름 밤의 연등—

布穀歸鳴落照垂　夜深星月笑顏吹
燃燈寺刹華明世　處處希香布撫綏

뻐꾹 소리 그치니 어둠이 드리우고,
깊어가는 밤은 달과 별을 웃게 하네.
사찰의 연등은 세상 밝힐 꽃이니,
희망의 향기 뿌려 편안함 주었으면…

---

* 장자(잡편) 제28편 양왕. "妾聞爲有道者之妻子, 皆得佚樂, 今有飢色. 소첩이 듣기는 깨우친 사람들의 가족은 다 편안하고 즐겁다는데 지금 굶어죽을 판입니다"

▲ 갑신년(2004년) 새해 아침 황령산에서 일출을 보고

▲▲ 갑신년 5월 24일 석가탄신일 2일전이다. 논문 관계로 초읍 시립시민도서관에 갔다가 나오는 저녁 풍경이 아름다웠다. 서산의 별빛이 초롱초롱하다 못해 땅에 떨어질 것 같은데, 삼광사 연등은 지상의 별이 되어 하늘을 날 것 같다. 불야성이란 이런 것을 두고 하는 말인 것 같다.

巷路之情
—골목길의 정—

闔役疎通遮滯城　如腸閪路不梭輕
豊胸祖母香濃密　是死常鱗替世情

문이 소통과 차단을 구분하는 성(城)이라면,
꼬불꼬불한 골목길은 단순한 길 아니네.
할머니 품속 같은 진한 향이 묻어나는 곳,
골목의 사라짐은 세정(世情)도 가져가네.[常鱗*]

變化之生(1)
—변화하는 삶(1)—

日月無情反復舒　新生索地似行車
無知脫殼隨心煩　慣性生成楚不除

반복해서 펼쳐지는 일월이 무정해 보이나,
새로운 세계를 찾아 달려가는 수레와 같네.
탈각의 변화를 알지 못함에서 번뇌가 따르니,
생성된 관싱은 아픔 없이 제기할 수 없구나.

---

* 평범한 사람을 비유적으로 이르는 말
▲ 재개발사업에 밀려 서민들의 애환이 담긴 골목이 없어지고 있다. 골목은 단순히 걸어 다니는 것 이상의 의미를 담고 있다. 부산 감천, 통영 동피랑 등과 같이 골목길을 문화공간으로 활용한다는 소식이 있으니 그나마 다행스러운 일이 아닐 수 없다.(2008. 10. 04. 동피랑을 다녀와서)
▲▲ 아등바등 사는 것은 본연지성으로 돌아가기 위함이다. 인생은 세월의 유혹으로 깊은 수렁에 빠지지만, 수련으로 관성을 벗어나야 발전된 삶을 살 수 있을 것 같다.(기축년 동지 5일전)

變化之生(2)
—변화하는 삶(2)—

慣斷訂情本性尋　生中惡習洗修心
分腸換骨警成變　太古平溫到粹深

관성을 끊고 성정을 바로잡아 본성을 찾는 것은,
생활 악습 씻어내어 마음을 닦는 것이네.
단장하고 환골하는 놀라운 변화를 이루어야,
태초의 평온하고 깊은 순수함에 이를 수 있네.

百五堂樓憑欄
—하늘 닿은 백오당 난간에 기대서서—

宿影花之寺暮鐘　竹林青葉雅聲封
天歌燭焘希來又　倚遍高樓待日容

화지사 저녁 종소리 그림자 잠재우고,
대나무 푸른 잎은 맑은 노래 머금었네.
자연의 노래 밝은 빛은 내일 다시 오는 것,
고루에 기대서서 생면부지 시간 기다리네.

▲ 기축년 동지 5일전 변화에 대한 생각을 하다 지은 두 수 중 한 수이다.

▲▲ 이웃에 있는 화지공원의 화지사에서 울리는 저녁 종소리는 하루를 마감하고, 바람이 잠들자 댓잎들은 맑은 노래 머금었다. 오늘은 이렇게 떠나간다. 그러나 내일은 떠난 희망들이 다시 밝을 것이다.(2010. 1. 8)

携帶電話電送夕陽(1)

—휴대전화속의 석양(1)—

洋洋乳越夕嘉姸　死滅生成髓製天
觀景感佳熏內面　自然情抒普通聯

바다의 가슴 품고 넘는 곱고 아름다운 낙조는,
소멸하고 생성하는 자연미의 정수이네.
경물을 아름답게 느낌은 내면의 작용으로,
자연의 정서가 보편의 정서와 이어졌음이네.

携帶電話電送夕陽(2)

—휴대전화속의 석양(2)—

水平鮮染夕陽肥　日照終焉似宴暉
消滅楚胸哀感動　有期生命覺回歸

수평선이 절정의 낙조에 고~옵게 물드니,
하루를 마감하는 향연인 듯 빛난다.
스러지는 것에 가슴 저미는 애틋한 감동은,
생자필멸 돌아감을 깨닫고 있음이네.

▲ 세상이 얼마나 달라졌나? 방안에서 핸드폰으로 석양을 볼 수 있으니… 올망졸망한 섬들, 그들을 품은 수평선을 붉게 물들이는 석양이 아름다워 이렇게 생각을 정리했다.(2010. 1. 19)

▲▲ 우연히 본 석양의 아름다움이 머리에 남이 있어 정리한 두 수 중 한 수이다. 소멸하는 것에 느끼는 가슴 저미는 감동은 회자정리 생자필멸(會者定離 生者必滅)의 진리(眞理)에 동감(同感)하기 때문이다.(2010. 1. 19)

山村有感
—산촌 유감—

自然苦痛部　煙氣聳天如
素朴顔談努　其生似楚居

아픔도 자연의 한 부분이고,
하늘 솟는 연기도 그러하다.
고생담 들려주는 소박한 얼굴,
그 어려운 삶도 같구나.

別離之美
—떠남의 미—

何無葛藤內訌生　楚超開華不十榮
時適別離居久歲　落花生滅合歌成

어찌 갈등과 내홍이 생기지 않았으랴,
간난(艱難)속에 피어 열흘 넘지 못하네.
때 맞추어 떠나야 오래 동안 사는 것,
낙화는 생성과 소멸의 합주곡이네.

▲ TV저녁 프로그램 중에 시골 노모들을 소개하는 것을 봤다. 밥 짓는 연기 모락모락 피어나는 아늑한 시골 풍경이었는데, 인터뷰하는 주름진 할머니의 얼굴을 바라보다 문뜩 시골 계시는 노모와 어릴 때 생각이 스쳐지나갔다.(2010. 4. 3)

▲▲ 꽃이 지지 않으면 어떻게 될까? 떠날 때를 알고 떠나야 영원히 산다. 그래서 화무십일홍(花無十日紅)이 서글픈 것만은 아닌 것 같다. 갈 때를 놓치면 추해진다. 꽃만 그러할까…(2010. 4. 8)

噫! 秋景
—아! 아름다운 가을—

降霜楓葉麗端粧　滿愛佳胸遽穫藏
虛父考思詩作詠　拙書草體醉秋香

서리 안은 잎들은 화려하게 단장하고,
사랑담은 가슴들은 가을걷이 분주하네.
사색하는 허부(虛父) *보며 시 지어 읊다가,
졸서 초체로 글을 쓰니 가을 향에 취하네.

嘆! 歲流
—흐르는 세월을 탄식함—

諸行世事不非師　目前楓葉亦爲思
終收荒野蕭虛父　吝惜流時一載離

세상사 모든 것이 스승 아님이 없으니,
눈 앞에 펼쳐지는 붉은 잎도 그러하다.
가을걷이 끝난 들판 허수아비 쓸쓸하니,
덧 없는 시간은 또 한 해를 보내는구나.

---

* 허수아비. 조선 시인 성운(成運, 1497~1579)의 시 〈허부찬(虛父贊)〉에 보임.

▲ 경인년 가을도 서서히 물들기 시작한다. 이렇게 시 한 수 지어서 붓으로 글을 쓰니 올해의 가을을 떠나 보냄은 끝이 아닌가!(2010. 10. 15)

▲▲ 세월의 덧 없음을 백구과극(白駒過隙)이라 했던가? 세상으로 나오니 이미 가을이 끝났다. 붉게 매달린 잎들도 이제 떠나겠지… 학교 친목모임 하는 선생님들과 백양사 가는 길에 느낀 가을이었다.(2010. 11. 6)

醉中道
—취중의 도—

淵明酒醉作詩悠　麗國春卿又似周
覺子醺中遺作品　壺天別地道知由

도연명은 미취(微醉)해 작시하며 유유자적하였고,
고려 천재 춘경(春卿)* 또한 두루 그러하였네.
선각자들이 취중에 훌륭한 작품 남긴 것은,
호중천(壺中天)** 별천지 도(道)에 들었기 때문이네.

壬辰元旦有感
—임진년 설날의 느낌—

春秋不識歲光明　弟美移生又地耕
永睡天堂完不會　新年旅事鋪吹精

춘추(春秋) 불식인데 벌써 새해가 되었구나,
아우는 미국에서, 또 고향에서 땅 갈며 살고 있네.
영면에 든 동생은 만날 수 없으니
명절 되니 함께 한 일들이 세세하게 떠오르네.

---

* 白雲居士 李奎報의 자.

** 한(漢)나라 때 호공(壺公)이라는 사람이 항아리 안에서 살았는데, 비장방(費長房)이 그 속에 들어가 보니 옥당(玉堂)이 화려하고 술과 안주가 가득하여 호중이 천국이라는 고사에서 유래한 말.

▲ 채근담(菜根譚)에 "꽃은 반만 피었을 때 보고[花看半開(화간반개)]/ 술은 적당하게 취하도록 마시면[酒飮微醉(주음미취)]/ 그 가운데 아름다운 멋이 있다[此中大有佳趣(차중대유가취)]."라고 하였다. 두 道人이 이런 경지를 즐긴 것이 아닐까.(2011. 2. 22)

▲▲ 명절의 소소한 분위기를 임진년 설날 전야에 적었다(2012. 1. 22)

鄕里眞木頌

—고향 진목을 기림—

艅航發起鎭川臨　背後諸山疊疊岑
積石淸風神氣韻　碧波南海舞來音
明顔授受人心好　擁者隆盛去臆深
百歲長生僉謂壽　佳鄕萬歲繼繁森

여항산(艅航山)에서 발원한 진전천(鎭田川)을 임하고,
배후에는 많은 산이 첩첩이 솟았네.
적석산(積石山) 맑은 바람 신성한 기운 돋우고,
푸른 파도 앞바다는 춤추며 노래하네.
밝은 얼굴에 주고 받는 인심도 좋으니,
안기는 사람 융성하고 떠나는 사람 깊어지네.
백세가 장수라 모두 말을 하지만,
살기 좋은 향리는 만세에 번성하리.

▲ 중학교 때부터 고향을 떠나서 그런지 집에 갈 때면 항상 객이 된 기분이었다. 옛날에는 많이 번성했다고 하는데 지금은 조그만 시골마을이다. 그러나 최근에 재실을 재건축하여 나름대로 동네가 어울린다. 오래도록 번창하기를 기원한다.(2012. 1. 21)

與外孫女銳知遊戲
—외손녀 예지와 함께 즐거운 시간을—

太初高喊誕生鮮　匐腹房中起自天
淸笑希語歌舞樂　嗚吾白髮出情緣
離花樹木來生命　去者徠人永續連
新座坐辰剛健育　爽明美世願成然

태고의 함성 울리고 신성하게 태어나더니,
엎드려 배로 기고, 일어서는 본성을 알았네.
웃고 말하며 다니다 노래하고 춤추니,
백발을 탄식하는 인생에 새로운 정 돋우네.
낙화가 있어야 새 생명 자리하고,
가고 오는 인연이 있어야 우주가 영속하네.
새 자리 꿰찬 이 건강하게 자라서,
밝고 맑은 아름다운 세상 만드소서.

▴ 임진년이 시작되자마자 외손녀 '예지'가 집에 와 있었다. 2009년 4월 28일 태어나 기어 다닌 것이 어제 같은데 제법 말도 잘하고, 뛰어다니며 즐겁게 노는 모습이 귀엽다. 건강하게 자라 훌륭한 사람이 되기를 기원한다.(2012. 1. 5.)

迎壬辰初春新生命

—임진년 초봄 새 생명을 맞으며—

壬辰春氣闢淸晨　宇宙時空確保新
好節神靈來此地　君耕聖域大肥民

임진년 봄기운 속에 새벽을 열고,
우주 속 새로운 시공(時空)을 확보 했네.
좋은 때 신령한 기운 받아 이 땅에 왔으니,
그대가 가꾸는 성역은 크고 비옥하게 하리라.

▲ 2012년 2월 14일 봄비가 내리는 새벽 외손자 '서준'이가 태어났다. 태어난다는 것은 우주 속에 시공(時空)을 확보한 것이다. 그것은 한 인생의 어제와 오늘, 그리고 평생을 가져오는 것이기 때문에 실로 어마어마한 일이다. 아무튼 그대가 확보한 시간과 공간들은 오래되고, 크고, 또한 비옥하리라.

回甲有感
—회갑유감—

壬辰旭日海昇天　六十年旋本復連
理想不成餘後悔　眞生乖悖歲流傳
也誰播種田耕作　等者秋收畓稻偏
優秀夜星非恨歎　爲怡入界體修專

임진년 욱일(旭日)이 바다에서 승천(昇天)하니,
육십년이 돌아와서 다시 이어지네.
이상(理想)이 불성(不成)함에 후회가 따르고,
예(禮)에 어긋남은 세월 가도 남는구나.
누구나 봄날에 밭 갈고 씨 뿌리지만,
모든 이의 가을걷이는 같지 않구나.
우뚝한 별들 보며 한 숨 짓지 않고,
즐김의 경계에 들도록 심신을 수련하리.

▲ 태어 난지 60년이 지나면 갑자가 돌아온다. 이를 회갑 또는 환갑이라 하는데 옛날에는 이를 축하하고 잔치를 베풀었지만, 지금은 의미가 거의 없어졌다. 그러나 육십갑자를 살면서 사유(思惟)할 수 있는 삶을 회고(回顧)한다면 유감이 없을 수가 있을까.(2012. 6. 16)

靜谷詩稿

怡獄遊沫

초판 1쇄 발행 2012년 7월 20일

지은이 | 황태현
펴낸이 | 최장락
펴낸곳 | 도서출판 두손컴
주　소 | 부산광역시 부산진구 부전로 35 301호(부전동, 삼성빌딩)
전화 : (051)805-8002 팩스 : (051)805-8045
이메일 : doosoncomm@daum.net
출판등록 제329-1997-13호

ISBN 978-89-97083-33-6-03810

값 11,000원